T0113794

La diversidad en el contexto universitario. Una necesidad actual en el Ecuador.

UNIVERSIDAD ESTATAL
PENÍNSULA DE SANTA ELENA

2015

La diversidad en el contexto universitario. Una necesidad actual en el Ecuador.

Carlos Manuel Cañedo Iglesias PhD
y Colectivo de Autores

Para realizar pedidos de este libro, contacte con:
Palibrio
1663 Liberty Drive
Suite 200
Bloomington, IN 47403
Gratis desde EE. UU. al 877.407.5847
Gratis desde México al 01.800.288.2243
Gratis desde España al 900.866.949
Desde otro país al +1.812.671.9757
Fax: 01.812.355.1576
ventas@palibrio.com
720850

Índice

AUTORES

Lcdo. Carlos Manuel Cañedo Iglesias. Prometeo SENESCYT, PhD Ciencias Pedagógicas, Msc. en Educación.

Lcdo. Yuri Wladimir Ruiz Rabasco. Msc. en Gerencia Educativa.

Lcda. Gisela Milagros Cañedo Iglesias. PhD Ciencias Pedagógicas.

Lcdo. Cárdenas Vallejo Héctor Wilson. Msc. en Educación Superior.

Lcda. Margarita Lamas González. PhD Ciencias Pedagógicas.

Lcda. María Caridad Mederos Machado. Msc. Desarrollo Cultural.

Lcda. Esperanza Montenegro Saltos.

Lcdo. Luis Miguel Antonio Mazón Arévalo. Msc. en Investigación en pedagogía de la Cultura Física.

Psc. Carlota Del Rocío Ordoñez Villao. Msc. Educación Superior.

Lcda. Nelly Panchana Rodríguez. Msc. Gerencia Educativa.

Psicop. Gina Brenda Parrales Loor. Msc. en Diseño y Evaluación de Modelos Educativos.

Lcdo. Aníbal Javier Puya Lino. Msc. Docencia Universitaria.

Lcdo. Edwar Salazar Arango. Msc. Recreación y Tiempo Libre.

Lcda. Myriam Yolanda Sarabia Molina. Msc. Recreación y Tiempo Libre.

Lcdo. Freddy Enrique Tigrero Suárez. Esp. Gerencia en Educación Superior.

Lic. Marilin Balmaseda Mederos, Msc.

Lcda. Narcisa de Jesus Gonzalez Pozo. Msc. Gerencia Educativa.

PRESENTACIÓN

Esta obra que depositamos en sus manos responde a una deuda que teníamos con muchos colegas, que nos solicitaron con mucha vehemencia, que relatáramos algunas vivencias y resultados de las investigaciones realizadas sobre el tema de la diversidad en el contexto universitario y la contextualización de las estrategias pedagógicas elaboradas a lo largo de muchos años de ardua labor investigativa.

Este reporte científico responde a los sustentos teóricos de los resultados alcanzados en el Proyecto de Investigación "Estrategias Pedagógicas para lograr una educación inclusiva en las Instituciones de Educación Básica en la provincia Santa Elena", que se desarrolla en la Universidad Estatal Península Santa Elena, como parte del Proyecto Prometeo SENESCYT que atesora el gobierno de la República del Ecuador.

Nos parece apropiada la siguiente afirmación del ilustre Federico Mayor Zaragoza desde el ya distante 1999: "Cuando miramos al futuro nos encontramos con muchas incertidumbres sobre el mundo que heredarán nuestros hijos, nietos y bisnietos. Pero por lo menos tenemos una certeza: si queremos que esta tierra satisfaga las necesidades de sus habitantes, la sociedad humana debe transformarse. El mundo del mañana debe ser esencialmente diferente al mundo que conocemos. Tenemos que rediseñar nuestras políticas y programas educativos. Y mientras ponemos en marcha estas reformas debemos mantener nuestra visión a largo término y honrar nuestra tremenda responsabilidad sobre las generaciones futuras..."

La Universidad que adopte enfoques como los que se abordan en este libro estará más comprometida con un mundo no solo más sostenible sino más humano. Un mundo que hemos tomado prestado de nuestros hijos.

Colectivo de Autores.

1.1. Consideraciones Generales en la Educación de Personas con Necesidades Educativas Especiales.

Al momento profundizar en los diferentes recursos que existen para intervenir en alumnas y alumnos en el marco de la Educación Especial tenemos inexorablemente que conocer antecedentes de esta actividad y adoptar una posición, tomar partido, en relación con las concepciones que se tienen al respecto.

Antes de llegar al concepto de integración escolar, atención a la diversidad y calidad de vida de las personas con necesidades educativas especiales se ha producido a lo largo de la historia un proceso evolutivo en la diferenciación de la educación como estrategia que responda y contemple las diferencias individuales, y aunque no es el propósito de este libro, consideramos conveniente tener en cuenta la siguiente aseveración.

"El concepto y el significado de educación no ha sido el mismo a lo largo de los distintos períodos históricos, pero tampoco hoy es el mismo y se diferencia entre un país y otro y entre unos colectivos y otros".

Se ha establecido una comparativa entre los períodos más cercanos a la realidad contemporánea.

Comparaciones tradicionales y actuales

CONCEPCIONES TRADICIONALES	CONCEPCIONES ACTUALES
La educación basada en el déficit.	La educación basada en las necesidades.
La clasificación medico-psicopedagógica.	La clasificación de acuerdo a la necesidad educativa.
El sentido de la educación era restringido, en centros específicos, con tratamiento Médico-Psicopedagógico de diferente déficit.	El sentido es amplio, abarca un sistema general.
Los programas de enseñanza específicos para cada deficiencia	Los programas de enseñanza son más flexibles, con adaptaciones curriculares de acuerdo a las necesidades.
El diagnóstico era cuantitativo, destinado a la categorización y homogeneidad. Las causas eran investigadas en el propio niño o niña.	El diagnóstico es cualitativo, más optimista y contextualizador. Dirigido a la búsqueda de las posibilidades de desarrollo en un medio lo más normalizador posible.

Si analizamos la comparación anterior se puede interpretar que con el decursar del tiempo se ha ido incorporando en la conciencia humana la necesidad de actuar a favor de la integración e inclusión social de todas y cada unas de las personas independientemente de las características intelectuales, motoras, físicas, conductuales, etc. que posean, aunque aún falta preparación para asumir completamente esta tarea.

Esta es la realidad que vive hoy la educación especial en diferentes escenarios del mundo.

La revisión realizada de diferentes autores como: Cañedo G. (2002), Bell R. (2001), Jiménez P. y Vilá M. (1999), Pérez R. (1998), Alquilar Montero L. (2005), se pudo conocer que en el año 1978, aparece y se desarrolla el Informe de Warnock, que fue elaborado después de casi cuatro años de trabajo por un comité de expertos nombrado por encargo del Departamento de Educación y Ciencia de Inglaterra. El objetivo que perseguía dicho departamento era analizar la prestación educativa a favor de las personas con deficiencias físicas y/o mentales en Inglaterra, Escocia y Gales, considerando los aspectos médicos de sus necesidades y los medios conducentes a su preparación para entrar en el mundo del trabajo, estimar el uso más eficaz de los recursos para tales fines y efectuar recomendaciones.

El comité de investigación fue encabezado por Mary Warnock (Senior Research Fellow in St Huch College, Oxford) a quien el informe publicado bajo el título *"Special Educational Needs"* debe su nombre.

Este documento contiene las propuestas para la integración escolar y social, propone la abolición de la clasificación de minusvalías hasta entonces válida y promueve el concepto de *Necesidades Educativas Especiales* teniendo el enorme acierto de convulsionar los esquemas vigentes y popularizar una concepción diferente de la educación especial.

Observando el tema de esta manera puede asumirse que las Necesidades Educativas Especiales son todas aquellas dificultades que presenta una alumna o un alumno para seguir un ritmo de aprendizaje escolar "normal", y que no es posible resolver si no se hacen adecuaciones en el currículo escolar.

Pero profundizando más puede verse que en el mencionado informe se especifican cuáles son las condiciones de vida comunes que deben tener las personas con necesidades educativas especiales como miembros de la sociedad, pues estas personas no solo asisten a los centros escolares y no solo presentan obstáculos para la enseñanza en estas instituciones sino que hacen vida social, asisten a instituciones culturales, recreativas, deportivas, mercados, parques, plazas, abordan transporte público, etc.

La aplicación del *principio de normalización* podría modificar el ambiente empobrecido del individuo y propiciar un mejor autoconcepto de él mismo, que redundaría en el desarrollo de sus capacidades, preparándose para hacer unos aprendizajes que permitieran la autonomía personal dentro de la sociedad.

Normalización no significa convertir en "normal" a una persona con ciertas necesidades especiales, sino aceptarla tal y como esa persona es: con sus necesidades; reconociéndole los mismos derechos que a los demás y ofreciéndole los servicios pertinentes para que pueda desarrollar al máximo sus posibilidades y vivir una vida lo más normal posible.

Teniendo en cuenta el ofrecimiento de los servicios a estas personas surge el *Principio de Sectorización* que consiste en descentralizar los servicios, acercándolos a las personas con necesidades especiales. No obstante, existen determinados elementos en la aplicación de dicho *principio de los servicios* y según la interpretación, relacionado con la sectorización y ellos son:

1. Identificar a las personas necesitadas de estas atenciones especiales.

2. Determinar la modalidad de formación que necesitan.

3. Analizar el programa de estudio que se emplea en el sistema educativo y de qué manera pueden insertarse los estudiantes con necesidades educativas especiales a través de adaptaciones curriculares.

4. Realizar un análisis de los medios físicos y ambientales, determinando los recursos y medios que necesita la institución educativa para poder brindar la atención que requiere la persona con Necesidades Especiales.

5. Analizar el componente económico, o sea, la financiación de los recursos adicionales de que deben disponer las instituciones donde asisten personas con Necesidades Especiales.

6. Considerar el papel que desempeñan los padres en la educación de sus hijos e hijas con Necesidades Especiales, la relación estrecha que debería existir entre la escuela y la familia, así como organizar la orientación e información psicopedagógica a los padres.

7. Atender la relación respecto a la enseñanza ordinaria: ¿Están ambas integradas en un marco común o está la educación especial conceptualizada como una prestación diferente?

8. Tener en cuenta la necesidad de apoyo externo: ¿Con qué apoyo se cuenta fuera de la escuela? ¿De qué manera se integra ese apoyo en la actividad de la escuela?

La Integración como política fue creciendo y ampliando sus horizontes. Cada país ha ido adaptando esta política a sus condiciones, a su nivel de desarrollo social y económico, haciendo que el modelo utilizado de integración beneficie a los alumnos y a las alumnas y logre un mejor y mayor desarrollo de las posibilidades de cada uno.

Se distinguen tres formas de integración: *la física, la social y la funcional.*

La *integración física* se produce cuando las clases o unidades de educación especial se han construido en el mismo lugar que la escuela ordinaria, pero continúan manteniendo una organización independiente, aunque pueden compartir algunos espacios como el patio de recreo y el comedor escolar.

La *integración social* supone la existencia de unidades o clases especiales en la escuela ordinaria, realizando los alumnos en ellas escolarizados algunas actividades comunes con el resto de sus compañeros, como actividades lúdicas y extraescolares.

La *integración funcional* es considerada como la forma más completa de integración, en la que los alumnos con Necesidades Educativas Especiales participan a tiempo parcial o completo en las aulas "normales" y se incorporan como uno más en la dinámica de la escuela.

Hay que tener en cuenta que esta tarea no es una decisión de todo o nada, sino que es un proceso con varios niveles, a través del cual se pretende que el sistema educativo tenga medios adecuados para responder a las necesidades de alumnos y alumnas. Esta gama de posibilidades de integración debe conducir a que cada alumno y alumna se sitúe en la más conveniente para su educación, pudiendo cambiar cuando sus condiciones frente al aprendizaje cambien. Por lo que se hace énfasis en:

> *Es necesario, por tanto, conocer cuál es el nivel de integración más adecuado y el que mejor favorece en un momento determinado el desarrollo personal, intelectual y social de cada alumno y alumna.*

Compartimos el criterio de que debe existir la base legal, pues esto apoya al proceso de integración, pero tampoco podemos decir que la consecuencia de una buena integración está fundamentada únicamente en las resoluciones, normas, o documentos legales que dictan las direcciones educativas o gubernamentales.

> *La integración debe ser el resultado final de un proceso de concientización social y de una reflexión profunda de las ventajas e inconvenientes que pueden presentarse por parte de la familia, profesores y demás organismos implicados en la tarea educativa.*

La educación integrada supone una opción distinta a la tradicional escuela especial y como todo planteamiento nuevo llevará asociado cierto riesgo y la exigencia de un período de adaptaciones y reajustes hasta lograr un funcionamiento óptimo.

De cualquier manera las experiencias conocidas ya realizadas parecen confirmar que los efectos beneficiosos de la integración para todos los elementos del proceso educativo son superiores a los negativos. Reflexionar acerca de estos temas tan complejos, como todo en nuestro mundo de hoy, nos reafirma que la educación de personas con Necesidades Educativas Especiales es siempre muy polémica entre los profesionales dedicados a la formación de las nuevas generaciones.

Intervenir en la educación de personas con necesidades educativas especiales desde la perspectiva de la atención a la diversidad, *__NO ES UN HECHO INSIGNIFICANTE O SUPERFICIAL PARA NINGÚN PROFESIONAL__* y sin embargo, podría afirmarse que es lo más normal y claro que existe.

En este momento sería muy oportuno y provechoso que nos detuviéramos un momento para reflexionar en torno a las siguientes interrogantes: *¿El término diversidad genera cierta problemática al tratar temas relacionados con la educación de las nuevas generaciones?, ¿La diversidad en la educación ha existido siempre? o ¿La diversidad debemos reducirla solo a "problemas de aprendizaje"?.*

El término *"diversidad"* no es nuevo, ni lo hemos abordado exclusivamente porque genera cierta problemática, la diversidad ha existido siempre, los seres humanos somos diversos por naturaleza, somos diferentes entre nosotros; por el mismo hecho de ser personas.

Lo anterior explica algunos puntos clave para el éxito de una pretensión tan elevada como lo es la atención a la diversidad, por lo que se hace imprescindible tener presente las siguientes afirmaciones con respecto al término diversidad:

a. La diversidad no debe relacionarse con las "minorías".

b. La diversidad de tipo personal es lo más natural.

c. Cada persona tiene sus propias características, intereses, motivaciones, etc.

d. El estudio de la educación en la diversidad, desde la diversidad y para la diversidad debe ser objeto de todos y todas.

Es necesario profundizar y divulgar los resultados y experiencias que se van obteniendo en cada uno de los centros, instituciones, organizaciones, equipos de investigación, territorios, etc. Por ello los profesionales de la educación no debemos actuar representando solo a personas individuales, asociaciones, centros educativos, organizaciones anónimas e independientes porque se está solicitando una *Educación Para Todos y Para Todas*, independientemente de las características personales, físicas, intelectuales, de raza, sociales o económicas que se tengan. Todos los maestros, padres, organizaciones sociales, etc. estamos involucrados de una u otra manera en este propósito y todos somos responsables de que el proceso educativo se desarrolle con calidad.

Es imprescindible cuidar la preparación de todos los profesionales que participamos en la educación de las personas con Necesidades Educativas Especiales. Es una condición ineludible para que la praxis sea consecuente con el discurso acerca de la atención a la diversidad y debe considerarse un prerrequisito para contribuir a una institución donde se eduque en, desde y para la diversidad.

¿Por qué la adecuada preparación de los implicados es imprescindible y debe considerarse la primera condición?

Porque es el profesional de la educación el que directamente se enfrenta a la formación sistemática, dirigida, planificada y organizada del individuo.

Desde edades muy tempranas, los educadores y/o la familia se enfrentan a la educación de los menores, y aunque todas las instituciones en su conjunto tienen la responsabilidad de la Educación

Familiar es la institución infantil y/o docente la más importante institución de una comunidad.

Si desde la formación de los profesionales de la Educación Preescolar no se tiene una idea clara de la Atención a la Diversidad, no se pueden lograr las habilidades necesarias, ni el aprendizaje puede ir por el camino de ser desarrollador, ni se puede ir preparando a ese educando para enfrentarse a una *Sociedad Diversa*.

Por tanto todos los que participan en la formación de los profesionales de la educación o de las instituciones comunitarias desde la Educación Preescolar hasta la Educación Superior debemos prestarle esmerada atención a los diseños *académicos, científicos y metodológicos* de las diferentes disciplinas y carreras teniendo en cuenta el elemento siguiente:

Trabajar en las diferentes asignaturas del plan de estudios el término de "diversidad" evitando el empleo del término "desigualdad", lo cual debe ser una clave pedagógica, porque a las instituciones docentes asisten, confluyen, visitan y se refieren personas de todo tipo y todas son diferentes.

Se sugiere no emplear el término desigualdad porque este significa algo que excluye, que segrega, que separa, que discrimina, qué es un problema y se contrapone al concepto de igualdad concebido como la misma oportunidad para todos de ser diferentes.

Se considera que es más adecuado trabajar la diversidad, no como la atención a la minoría sino como algo que enriquece, favorece, que nutre, que nos hace ser mejores, que nos permite dar y recibir. Tenemos diferentes intereses, expectativas, características intelectuales, ritmos y curvas de aprendizaje, condiciones familiares, condiciones socio económicas, etc. y hay algo que desde el punto de vista psicológico se debe tener en cuenta: el aprendizaje se realiza por determinadas características personales, anatomofisiológicas que hacen posible que un individuo aprenda, pero el aprendizaje es también el resultado de la interacción social y los estímulos afectivos y culturales del entorno educativo, de ahí la importancia de tener en cuenta la diversidad y no la desigualdad, si se excluye, se segrega o se separa, no habrá interacción suficiente del individuo, y aprenderá menos, se desarrollará menos porque tendrá menos oportunidades. De ahí también el error de concebir la atención a la diversidad solo necesaria para el que tiene problemas en el aprendizaje. Esto es algo que hay que interiorizar y comprender de verdad para poder trasmitirlo.

Desde cada práctica profesional, hay que inculcar el respeto hacia todos los seres humanos independientemente de las características con que cada ser humano se presente ante los demás, interiorizando que la dignidad humana corresponde a todos y la actitud de las personas sólo será éticamente satisfactoria en la medida que respeten, valoren y promuevan en ella su dignidad humana.

Este modo de actuación trae como consecuencia un cambio radical en la mentalidad de todos.

Es cierto que en la actualidad de una u otra manera la mayoría de nuestros profesionales vinculados de algún modo a la educación, tratan en sus discursos sobre la atención a las necesidades educativas, sobre desarrollar al máximo las posibilidades de todos, se refieren a que todos tienen las mismas oportunidades, se habla de equidad, de igualdad, pero se están limitando estas exigencias de la educación contemporánea porque se conforman con incorporarlo a sus discursos y con escucharlo pero no se cristaliza en la práctica educativa y en todos los momentos de la vida.

Se considera que para poder incorporar estos conceptos en la formación del futuro profesional, se hace evidente que el término Bioética trae consigo múltiples lecturas, interpretaciones y definiciones. En la actualidad, la Bioética ha reclamado como suyos diferentes temas, como por ejemplo:

- La ética profesional.

- La utilización de la tecnología y los resultados científicos.

- La Autonomía y Autodeterminación de las personas.

- La Protección del medio ambiente.

- El respeto a la vida y a la dignidad de las personas.

Estos temas que trata la Bioética deben ser parte de la formación integral de los futuros profesionales de la educación, porque constituyen precisamente los problemas más acuciantes que afronta el mundo de hoy.

Desde esta perspectiva de análisis llegamos al concepto que la **Bioética** es un término conformado por el prefijo bio (vida) y la palabra ética que se refiere a la disciplina teórica cuyo objeto de estudio es la moral, por lo que se puede considerar lo siguiente:

> *Bioética es la ética de las cosas que tienen que ver con la vida.*

Se considera que debido a la importancia y trascendencia que tiene esta disciplina para todos, debe ser un punto de atención, representa una nueva dimensión del saber, requiere de métodos cada vez más complejos, tiende a revolucionar la ciencia, forma parte de un movimiento más amplio para alcanzar un consenso mínimo sobre valores de carácter vinculante para cada ser humano, el respeto a normas ineludibles y la adopción de actitudes personales e institucionales necesarias para resolver los grandes conflictos que amenazan el mundo, a nuestra especie, a la civilización en su conjunto y que servirán para prevenir la aparición de otros nuevos. En nuestro caso particular todo esto debe ser analizado con gran significación y buscar las vías para su aplicación en el contexto educativo por los profesionales de la educación.

La bioética pretende situar al ser humano como centro, como objeto de estudio. Es la disciplina rectora para los problemas éticos que plantean las ciencias de la época. Estudia la conducta humana y la atención a las personas centrada en los valores y principios morales, se encamina a solucionar los problemas éticos que surgen en los escenarios científicos. Se vale de otras ciencias y disciplinas por tanto tiene enfoque intercategorial e interdisciplinario (Sociología, Filosofía, Economía, Historia, Pedagogía etc.).

En el contexto de la educación es un referente importante para la enseñanza y el aprendizaje de los conocimientos científicos teniendo en cuenta el desarrollo contemporáneo. Es por ello que se sugiere tener en cuenta una concepción bioética en la intervención que se realiza en las personas con Necesidades Educativas Especiales y hacer hincapié en que se manifieste en: el bienestar, el respeto, la solidaridad, la justicia, la igualdad de oportunidades y en ofrecer a cada uno lo que cada cual necesita en el ámbito de la enseñanza y el aprendizaje, para de esta forma desarrollar valores que permitan comportamientos acordes a nuestra época.

1.2. Consideraciones generales de la Intervención Familiar como recurso para contribuir a la educación de las personas con Necesidades Educativas Especiales y su vinculación con la escuela y la comunidad.

La *intervención familiar* es un proceso de ayuda cuyo fin supremo es facilitar la dinámica familiar positiva, la solución de problemas y la toma de decisiones, además de potenciar y desarrollar los recursos familiares ante el problema en cuestión.

Pretende fortalecer y enriquecer el bienestar y la calidad de vida de las personas en el seno familiar y de la propia familia como grupo social, materializándose en:

- *Orientar* a las familias, para prevenir problemas y ayudar en la medida de las posibilidades a los ya existentes en el ámbito de sus relaciones familiares, sociales y sanitarias.

- *Prevenir* situaciones de riesgo, deterioro de la convivencia y la baja autoestima. Ofreciendo atención, apoyo e información a todas las familias que lo soliciten.

- *Impulsar* la promoción de habilidades y recursos familiares para lograr una interacción mutuamente beneficiosa entre los miembros de la familia que aumente su calidad de vida.

La familia, es el lugar por excelencia donde se recibe el don de la vida, como manifestara Juan Pablo II en las Conclusiones del Congreso sobre Familia y la Integración Social de niños discapacitados (1999) en la Ciudad del Vaticano.

Se reconoce el papel que desempeña el niño como miembro activo de la familia. Este espacio social fundamentalmente desempeña un papel formativo, pues los padres educan a sus hijos de acuerdo con sus propios patrones morales. Los estímulos que los niños puedan recibir tendrán una influencia muy importante en la formación de hábitos, actitudes y en su conducta fuera del hogar, es en la familia donde se propicia un ambiente privado, donde el individuo se manifiesta tal y como es.

La constitución de la familia no solo es un hecho biológico o sociológico, es también la construcción de un escenario donde se aprenden cualidades humanas, morales, de amor filial, las costumbres y prejuicios ancestrales, etc. Y es necesario que la familia esté preparada para la llegada de un nuevo miembro, con vistas a contribuir al desarrollo y felicidad del pequeño, desde los primeros momentos de su vida. Pero cuando no ocurre de esa manera, la familia se decepciona y sufre cierto desconcierto, la misma tiene que darle al niño o a la niña un sentido de seguridad, porque puede desarrollarse y crecer mejor si se le guía y estimula, por cuanto han de ser los padres los principales educadores de hábitos, costumbres y actitudes correctas, ya que es en ese entorno donde comienza a desarrollarse el respeto para con los semejantes y donde se crean los intereses culturales y cognoscitivos estables en los niños y las niñas, de aquí deviene la máxima relación que deben tener la escuela y el hogar en cuanto a todo lo relacionado con los menores. El padre debe interesarse y preocuparse con el aprendizaje de su hijo e hija, pues aunque la escuela instruye y forma, el papel formativo fundamental es necesario realizarlo en el hogar.

Toda vez que el niño o la niña alcanzan la edad escolar y comienzan sus estudios, la familia debe tener conciencia de que la escuela no crea los elementos primarios del mundo interior de los pequeños, los que comienzan a formarse mediante la influencia educativa de la familia como espina dorsal de la sociedad.

La escuela, es la encargada de garantizar la orientación adecuada, tanto del niño como de su familia, para lograr un sistema de influencias positivas necesarias que le permitan al infante un desarrollo psíquico y emocional estable. Deviene entonces como instrumento principal la labor conjunta que debe llevar a cabo la dirección de la escuela, los maestros y la familia, de modo tal que los criterios educativos, tanto en el hogar como en la escuela marchen coordinadamente.

La escuela, desde la etapa preescolar hasta la universidad, como institución social encargada de llevar a cabo la educación en forma organizada, apoyada por planes y programas de estudios impartidos en diferentes niveles. Tiene distintas funciones, entre las cuales se pueden señalar:

- Transmitir a las nuevas generaciones conocimientos que han sido adquiridos paulatinamente de generaciones anteriores.

- Buscar en la educación las aptitudes naturales para desarrollarlas y contribuir de ese modo a la formación de su personalidad.

- Desarrollar en el educando habilidades y destrezas, pero principalmente inculcarle valores humanos, que de alguna manera orientarán su vida

- Despertar, mantener y acrecentar en los integrantes de la comunidad el interés por elevar su nivel cultural.

De este modo, la escuela pretende formar al educando para que realice diferentes papeles en la vida social ya que desarrollará sus aptitudes físicas, morales y mentales. Por lo tanto, ayuda a formar una personalidad bien definida, lo cual contribuirá a que logre una mejor convivencia social.

Así, la escuela juega un importante papel en la preparación de alumnos y alumnas para la vida en general; de esta forma, en la escuela los alumnos y alumnas tienen la posibilidad de enfrentarse a una diversidad social más amplia.

Una de las funciones más importantes de la escuela, en lo relativo a su rol como agente socializador, es introducir a sus estudiantes en el interior de un amplio bagaje de conocimientos y oficios. Durante los primeros años de vida la escuela transmite elementos básicos tales como lectura, escritura y aritmética, con el fin de prepararlos gradualmente para adquirir conocimientos superiores especializados y oficios necesarios para mantener el funcionamiento de la sociedad. Así, en los diferentes niveles de enseñanza se entrena a los individuos para especializarse en los diferentes roles productivos y estos se comprometen socialmente para cumplir con los roles elegidos por su vocación o competencias.

En la escuela los alumnos y las alumnas aprenden a interactuar con otras personas que no forman parte de sus grupos primarios o con los grupos vinculados al núcleo familiar. El conocimiento que los alumnos y alumnas adquieren en la escuela no solo corresponde a las materias contenidas en el currículo oficial, sino también incluye importantes elementos culturales como valores y pautas de conducta que no están explícitas. Muchos de los aprendizajes de los educandos en la institución docente son el resultado de este currículo paralelo u oculto: aprenden a ser competitivos, a buscar el éxito y a que sus formas de vida, incluyendo las políticas y económicas, sean soportadas por prácticas socialmente correctas.

Siguiendo la misma línea de pensamiento, se puede concretar que:

La comunidad, en la que se desarrolla la escuela constituye un valioso recurso educativo que puede ser empleado en el desarrollo de los programas escolares, como vía para fomentar en los estudiantes el cuidado y protección del entorno comunitario, así como fortalecer sentimientos de pertenencia hacia el lugar de origen. Es por ello que la escuela debe enfrentar el reto de estructurar el currículo teniendo en cuenta las potencialidades que ofrece el contexto local.

La comunidad es una de las aristas que se incluye en el diagnóstico integral que debe realizar la escuela enfrentando en la actualidad la problemática del diagnóstico de problemas y dificultades que afectan a la vida comunitaria, reduciendo a un segundo plano, y quedando olvidado en ocasiones, la determinación de potencialidades que pueden ser usadas en el desarrollo de los programas escolares.

En cuanto a la relación escuela-comunidad con frecuencia se han presentado insuficiencias que han incidido en la no materialización armónica de esta relación, entre las que se encuentran: insuficiente empleo de los recursos de la comunidad para vigorizar el currículum de los programas escolares y una limitada participación de la escuela en las actividades de la comunidad con el objetivo de mejorarla.

La complejidad del fenómeno radica en el intento de lograr introducir un cambio en el sistema de trabajo de la escuela, de modo que se haga realidad en la práctica escolar.

En la enseñanza básica la Geografía y la Historia adquieren excepcional importancia en la materialización de estos presupuestos, al convertirse en un espacio de explicación de hechos y fenómenos con excepcional valor práctico. Sin embargo, los docentes por lo regular poseen poca preparación para el desarrollo de los programas en vínculo con la comunidad de la escuela, argumentando la excesiva carga de actividades para las que tienen que prepararse.

La comunidad se asocia a las relaciones de la escuela con el entorno, considerando tanto a la familia, los vecinos, organizaciones de la comuna, líderes locales, el barrio o localidad, así como a otras instituciones o redes de apoyo.

La familia y su influencia educativa

La concepción pedagógica humanista reconoce a la familia como uno de los factores de mayor incidencia en la educación de los individuos, cuya influencia comienza desde los primeros años de vida y trasciende ese marco inicial, manifestándose con mayor o menor fuerza a lo largo de toda la vida.

Si se intentara resumir la importancia del entorno familiar, podríamos afirmar que:

- Es el medio donde el ser humano recibe la primera información acerca del mundo exterior.

- Es el espacio donde se establecen las primeras relaciones afectivas.

- Es el marco de actuación donde la persona se introduce en un sistema de normas de vida elementales y se establecen las primeras regulaciones a la conducta.

- Es el entorno donde se establecen patrones éticos y estéticos elementales.

La familia debe asumir la responsabilidad de la educación inicial del niño y la niña continuando después su apoyo de una manera afectiva, moral y material durante todo el proceso educativo que es toda la vida de ese niño o niña; a la familia se le atribuyen las funciones más importantes en el ciclo vital del ser humano, es la que insustituiblemente forma los sentimientos más elevados del hombre y la transmisión de la experiencia social de generación en generación.

La preparación de la familia como institución formadora y potencializadora de los hijos e hijas es sumamente necesaria.

No obstante, hay que tener en cuenta que independientemente de que la labor educativa puede ser ejercida por varias instituciones sociales, uno de sus agentes principales es la escuela, quien cuenta con un caudal de experiencias y un personal con adecuada preparación psicológica y pedagógica para encauzar esta actividad, en la cual median otros sistemas de influencias que la apoyan en su función; de ahí que se necesite una influencia más dinámica de esta institución sobre la educación familiar.

Si la escuela es capaz de dirigir correctamente su labor educativa, puede entonces llegar a convertirse realmente en el centro de influencia cultural en la comunidad donde esté enclavada.

La familia es la que influye educativamente en el ser humano, que puede ser de manera positiva o negativa. Es en el interior de la familia donde la persona va a recibir una serie de patrones educativos que van a ser la base de su comportamiento diario y su proyección en el futuro.

La familia representa en sí un sistema de apoyo que ofrece a sus miembros toda la información referente al mundo exterior e interior, transmite a todos sus integrantes desde pequeños el conocimiento de su cultura, necesaria para obtener éxitos en su vida cotidiana, y también aporta códigos de conducta para enseñar a sus hijos e hijas cómo deben comportarse en los diferentes contextos.

La familia educa en todo momento, de mejor o peor manera, consciente e incluso inconscientemente, sistemática y también asistemáticamente y de como sea el comportamiento de todos estos factores, cada familia con sus particularidades propias estará cumpliendo con mayores o menores resultados su función educativa, en función de ella misma y por supuesto de la sociedad en la que vive.

No se puede pues entender al individuo con necesidades educativas especiales en su integridad si no se tiene en cuenta el contexto familiar de que forma parte, su historia de vida. Por lo que intentar que una persona con estas necesidades especiales pueda realizar su desarrollo del modo más normal posible, supone de forma inevitable hablar de un contexto familiar saludable.

Es necesario el estudio minucioso de la problemática familiar para un mejor manejo y entendimiento de la misma; así como, la búsqueda de soluciones a los problemas que en ella se presentan. Constituye un desafío la orientación oportuna y sistemática que necesitan los padres para el ejercicio de su función educativa.

Para que el proceso de intervención en la familia tenga éxitos *es necesario no violar ninguno de los siguientes pasos*:

- *Evaluación Inicial: Caracterizar y Diagnosticar* a la familia (mientras más precoz se comience habrán más posibilidades de éxito).

- *Toma de decisiones:* para *intervenir* en la familia desde una estrategia elaborada, utilizando diferentes recursos según lo permita el diagnóstico realizado de cada familia, esta intervención puede ser personificada, o sea, individualizada o grupal, valiéndose de entrevistas, programas de acciones bien pensadas, sistemas de actividades, escuelas de padres, utilización de diferentes servicios sociales como por ejemplo médicos, educativos, de seguridad social, etc. Es importante hacer corresponder el tiempo de tratamiento y la necesidad familiar según el grado y tipo del problema familiar, aprovechar los recursos, posibilidades, potencialidades y servicios que tiene a su alcance la propia familia y el individuo en particular.

- *Comprobar* los resultados de esa estrategia, programa o sistema empleado

Todo programa de intervención familiar en su desarrollo, no solo pretende dar solución a las conductas inadecuadas sino también rehabilitar el núcleo familiar, *por tanto no solo es importante la participación de la madre y el padre sino también la participación de otros miembros de la familia como hermanos y abuelos.* Esta misma autora plantea que con el desarrollo de este programa debe lograrse:

- Preservar la integridad de la familia evitando que las situaciones se agraven.

- Capacitar a la familia para dar la correcta atención a sus hijos e hijas y enfrentarse a situaciones de crisis.

- Propiciar un ambiente interactivo y de comunicación entre el colectivo familiar y los profesionales que dirigen el programa de intervención, propiciando: *AFECTO (que se traduce en brindar comprensión), VALORACIÓN (que se manifiesta en los juicios sobre lo que se ha hecho, lo que se hace y lo que se va a hacer) y RECONOCIMIENTO (que funciona con el hecho de examinar el rol de cada uno).*

- Propiciar el trabajo de intervención en equipo de aquellos actores que son los que constituyen los agentes de cambio (trabajadores sociales, psicólogos, maestros, médicos, etc.), favoreciendo el análisis y las criticas para elaborar síntesis coherentes.

- Propiciar transmisión de conocimientos y experiencias

Para alcanzar todo lo anteriormente descrito es necesario tener en cuenta *diferentes niveles* que propicien el éxito y guíen el trabajo en la preparación familiar:

- *Nivel Educativo:* responde a la necesidad de una capacitación básica en conocimientos pedagógicos, psicológicos, médicos, sociales, etc.

Este nivel permite educar a la familia para prevenir, detectar, compensar o corregir situaciones que puedan presentarse.
- *Nivel de Asesoramiento:* Responde a la necesidad de potenciar capacidades básicas del sistema familiar para adecuarlas a las necesidades de cada ciclo vital.

Ofrecer criterios de funcionamiento para la familia en situaciones determinadas.
Descubrimiento de situaciones que entorpezcan el desarrollo normal.

- *Nivel Terapéutico:* Responde a la necesidad de elaborar nuevas pautas funcionales en el dinamismo del sistema familiar.

En este nivel se enseña a las familias las estrategias que aseguren la cohesión familiar ante determinados casos y poner a su alcance las técnicas adecuadas que respondan a diferentes necesidades.

Estos tres niveles a pesar de tener finalidades diferentes, en su conjunto pretenden que se pueda lograr con la intervención familiar:

UNIÓN, ARMONÍA, ESTABILIDAD, SEGURIDAD, PERFECCIONAMIENTO, EMPATÍA COMUNICACIÓN Y AYUDA.

La intervención familiar que describimos en este texto está soportada sobre los postulados del paradigma socio-histórico-cultural de Vigotsky, porque pretende preparar y orientar a la familia lo más tempranamente posible, teniendo en cuenta la relación dialéctica entre los factores sociales y biológicos, considerando a los factores biológicos como premisas para el desarrollo y a los factores sociales como la fuente del desarrollo psíquico, propiciando que las familias interioricen la diversidad del ser humano, busquen en cada uno las posibilidades y potencialidades reales y traten de desarrollarlas.

Además de este paradigma vigostkiano se han valorado paradigmas directamente relacionados con la intervención familiar, por ejemplo: se han tenido en cuenta los cuatro componentes del paradigma desde la perspectiva sistémica que incluye *la interacción familiar, la estructura familiar, la función familiar y el ciclo vital familiar*. También se han tenido en cuenta elementos planteados en el paradigma desde la perspectiva de la Psicología Humanista, desde la consideración de que la familia necesita de orientación porque en ella encontramos la satisfacción de necesidades materiales y espirituales pero también podemos encontrar dificultades, por lo que la familia puede facilitar el desarrollo, pero también puede obstaculizarlo, además se han compartido algunos criterios del paradigma desde la perspectiva cognoscitiva-conductual pues se han analizado las conductas y estímulos anteriores que provocan determinadas reacciones en los miembros de la familia e influyen en la educación de sus miembros.

Este trabajo con la familia puede desarrollarse empleando diferentes acciones y actividades que se materializan a través de:

- Entrevistas

- Charlas

- Observación y Debates de videos, películas

- Estudios de casos determinados o testimonios.

- Conferencias especializadas

- Reuniones

- Excursiones

- Escuelas de padres

- Conversaciones

- Intercambio con diferentes organizaciones de padres

- Dramatizaciones o juegos de roles.

- Análisis de situaciones dadas.

Una de las más utilizadas es la denominada Escuela de Padres que surge como respuesta a las carencias e inquietudes de los propios padres, no es mas que un modelo de formación educativa para la familia que involucra a la escuela y al entorno familiar, un modelo inicialmente trabajado en las escuelas primarias y secundarias, pero cuya importancia y excelentes resultados se ha evidenciado también en la Educación Superior, dada la presencia de población adolescente en las universidades y centros de educación no formal.

Se trata de una estrategia educativa que posibilita la comunicación entre familia y escuela, en todos sus niveles, esto con vistas a colaborar en la formación de los hijos o las hijas y los padres. En la Educación Superior es un modelo a seguir muy útil para prevenir problemas de adicción, deserción y aprendizaje en la población adolescente y para afianzar la comunicación entre estudiantes, institución educativa y familia.

1.3 Consideraciones generales particularizando en la atención a la diversidad dentro del contexto universitario

Como ya hemos dicho antes, atender a la diversidad no significa preguntarnos qué debemos hacer para los alumnos diversos, al margen de lo que ya hacemos para los alumnos "normales" o "no diversos".

Partimos de la base que todos los alumnos son diferentes, con una amplia gama de necesidades educativas categorizadas o no. Por lo tanto, todos son diversos y atender su diversidad quiere decir preguntarnos qué podemos hacer para que todos los alumnos aprendan de un modo cuanto más significativo mejor.

Desde la perspectiva contemporánea no debe haber alumnos y alumnas "normales" y alumnas y alumnos "diversos" porque precisamente todos somos diferentes. Tener esto presente es importante porque choca con una concepción restringida de la diversidad que está muy extendida, según la cual, la "diversidad" se contrapone a la "normalidad" o sea como tendencia se entiende que son "diversos" aquellos alumnos que no son "normales", cuando en realidad, y como ya hemos enunciado, la "diversidad" se identifica con la "normalidad", y lo más normal es que somos diferentes.

Las personas con necesidades educativas especiales tienen el mismo derecho, por lo que es necesario reconocerlo en todos los niveles de instrucción y actuar en consecuencia para que la distancia social entre todas las personas sean eliminadas de una vez y por todas, estas personas también deben vivir en comunidad. El desarrollo de las capacidades humanas no tiene límites, mientras más evolucione la sociedad, más posibilidades tienen de desarrollarse las mismas y perfeccionarse a través de la actividad humana pues estas son formaciones psicológicas de la personalidad, son las condiciones para realizar con éxito determinados tipos de actividad por tanto hay diferencias en las capacidades de los individuos, se pueden obtener éxitos en una actividad con diferentes combinaciones de capacidades lo que abre enormes posibilidades para que cada persona pueda realizar también con éxitos diferentes actividades. En relación con esto debe incluirse en el discurso y en la praxis educativa que los seres humanos tenemos diferentes capacidades y no debería hablarse de discapacidades.

La atención a la diversidad nos exige una mayor competencia profesional, proyectos educativos más complejos, habilidad de adaptar el currículo a las necesidades educativas de los estudiantes y también una mayor provisión de recursos de todo tipo. La atención a la diversidad permite la preparación para que la persona se integre a la sociedad y también permite la preparación de la sociedad para que los reciba. Y es en el entorno universitario un espacio que contribuye a llevar a vías de hecho este alto empeño.

Para que la atención a la diversidad en la educación superior no se quede en las intenciones debe lograrse que el trato diferenciado a los estudiantes en dicho nivel esté relacionado con la obtención de una finalidad educativamente importante que agrupe acciones de compensación, que garantice igualdad de oportunidades mediante la eliminación de obstáculos, que asegure la inclusión escolar buscando interrelaciones más equitativas y justas entre todos los actores del proceso docente educativo.

Es fundamental para el desarrollo de cualquier actividad compleja en la enseñanza universitaria, determinar de forma clara los objetivos que se persiguen.

En este caso será el equipo interdisciplinario formado por los profesores de las diferentes disciplinas, quien deberá estudiar el cuadro particular a tratar y establecer sobre qué aspectos trabajar y de qué forma hacerlo.

No se debe cometer el error de intentar aplicar fórmulas generales en todos los casos, puesto que cada persona debe ser tratada como tal, como un ser único e irrepetible.

Luego de establecer los objetivos, planificar las tareas docentes y comenzar a trabajar, también resultaría muy útil registrar de manera sistemática los avances o retrocesos, para aplicar las correcciones necesarias.

La asesoría constante y la orientación individual a los estudiantes con necesidades educativas especiales, tiene que perseguir el propósito de favorecer el *éxito académico*, pero también tratando de optimizar otras dimensiones incluidas en el modelo conceptual denominado *"calidad de vida"*, como es el desarrollo personal, el bienestar emocional, las relaciones interpersonales y la autodeterminación de dichos estudiantes.

Las actuaciones específicas susceptibles de ser realizadas por la institución universitaria y relacionadas con la orientación académica y/o profesional a un estudiante con necesidades educativas especiales no deberán dejar de contemplar los aspectos siguientes:

- Además de facilitar las ayudas técnicas que para el seguimiento de las clases y/o realización de exámenes pueda requerir el estudiante, realizar una valoración pedagógica de las necesidades educativas que puedan implicar alguna adaptación curricular cotidiana o en exámenes.

- Elaborar un expediente en el que se detallen las medidas que se considera favorecerán el aprendizaje y buen rendimiento académico de los estudiantes con alguna necesidad educativa especial, y en caso de conllevar adaptaciones de la docencia, comunicarlo al coordinador de la titulación incluso antes de hacerse efectiva la matrícula del estudiante.

- Elaborar un plan tutor para cada estudiante con necesidades educativas especiales en el que puedan ajustarse oportunamente las acciones según se atenúen o agraven dichas necesidades.

- Recomendar a estos estudiantes que soliciten el plan tutor, el cual es conveniente para cualquier estudiante universitario, pero necesario, a nuestro parecer, en estos casos. El tutor, como perfecto conocedor del plan de estudios que cursa el estudiante con necesidades educativas especiales y en coordinación con el claustro, puede orientarle académicamente a lo largo de los estudios.

- Las instituciones que se tracen el propósito de incluir estudiantes con necesidades educativas especiales deberían contar con un Departamento Universitario de Atención a las Necesidades Educativas Especiales que proporcione asesoramiento también al profesorado que lo requiera respecto a estilos de enseñanza-aprendizaje, instrumentos de evaluación y otras particularidades referidas a los estudiantes con alguna necesidad educativa especial.

- Entre otras actuaciones puntuales, la universidad debería editar una guía de orientaciones prácticas referida a personas con las necesidades educativas especiales más frecuentes en este nivel de enseñanza.

- A nivel institucional se debe establecer una relación continuada con las numerosas instituciones y asociaciones que estén dispuestas a colaborar con la Universidad ya sea en recursos o investigación dentro del universo de la atención a la diversidad.

- La universidad debería favorecer el asesoramiento profesional y la oferta de prácticas o, incluso, de puestos de trabajo destinados a personas con necesidades educativas especiales.

- Promover y apoyar seminarios, jornadas y congresos destinados a poner en conexión el ámbito empresarial y profesional con todos los estudiantes, incluyendo los que presentan necesidades educativas especiales, en la confianza de que estas iniciativas facilitan la inserción laboral de los universitarios que finalmente alcancen su titulación.

- Las autoridades universitarias, como reflejo de una sociedad más sensibilizada y ocupada por el bienestar y calidad de vida de todos los ciudadanos, no podría obviar la responsabilidad social de planificar y desarrollar prácticas más inclusivas con todos sus estudiantes y, en especial con aquellos que presentan necesidades educativas especiales.

Hay que subrayar que tales medidas en el ámbito universitario son imprescindibles para incluir con las mismas prerrogativas y oportunidades que el resto a los estudiantes que presentan necesidades educativas especiales, es decir, los que necesitan recursos y/o apoyos por necesidades transitorias, permanentes o de larga duración, derivadas de sus características físicas, sensoriales o psíquicas.

Mientras tanto, el impacto de una modalidad inclusiva de la educación superior se proyecta como una aspiración educativa de amplia visión y objetivos justos, quedando en el dominio de la ética el reconocimiento de los avances que ello supondría cultural y socialmente para la institución, la ciudad, el país, el continente o el mundo.

2.1 Consideraciones Generales vinculadas a las Causas, Clasificación y tratamiento de enfermedades, trastornos y alteraciones que pueden provocar Necesidades Educativas Especiales en las personas.

Es muy importante para el pedagogo y para todo el personal que se relaciona directamente con las personas que presentan necesidades educativas especiales conocer de manera general los aspectos médicos y clínicos vinculados con las causas, síntomas, tratamientos y pronósticos que identifican a las mismas. Muchas de estas necesidades especiales presentan, de base, desórdenes neurológicos que influyen en el desarrollo de habilidades generales en los individuos que precisan de una Educación Especial.

Si se tiene en cuenta este conocimiento se pueden comprender mejor los comportamientos de estas personas e influir de manera positiva en su aprendizaje.

Para comprender las Bases Neurológicas de las diferentes enfermedades, trastornos, y alteraciones de las que pueden padecer las personas con necesidades educativas especiales, necesitamos conocer en primera instancia que según el Diccionario Definición ABC-Salud-, Enciclopediasalud.com, la Neurología es la especialidad médica que se ocupa específicamente de la prevención, diagnóstico, tratamiento y rehabilitación de todas las enfermedades que involucran al Sistema Nervioso Central (SNC), el sistema nervioso periférico y el sistema nervioso autónomo, incluyendo sus envolturas (meninges), vasos sanguíneos, tejidos y músculos.

El sistema nervioso periférico, es el sistema nervioso formado por nervios y neuronas que residen o se extienden fuera del sistema nervioso central, ramificándose hacia los miembros y órganos. La diferencia con el SNC está en que el sistema nervioso periférico no está protegido por huesos o por la barrera hematoencefálica, permitiendo la exposición a toxinas y a daños mecánicos. Este sistema es el que coordina, regula e integra nuestros órganos internos, por medio de respuestas inconscientes.

El sistema nervioso periférico se subdivide en:

Sistema nervioso somático: Moviliza todas las funciones orgánicas (es activo).

Sistema nervioso autónomo o vegetativo: Protege y modera el gasto de energía. Está formado por miles de millones de largas neuronas, muchas de ellas agrupadas en nervios. Sirve para transmitir impulsos nerviosos entre el SNC y otras áreas del cuerpo.

Se conoce que al afectarse de manera orgánica o funcional, algunas de estas partes pueden provocar trastornos que afectan el aprendizaje, la conducta, la motricidad, la visión, el oído, etc. y a su vez la persona que los padece se verá obligada a utilizar recursos especiales para desarrollarse socialmente.

Es por ello que el personal que trabaja y se relaciona constantemente con estas personas debe recibir previamente una adecuada preparación y conocer las bases de los trastornos para comprender mejor las manifestaciones de los mismos y así poder apoyarlos para que su aprendizaje y su desarrollo sean cada vez de un grado superior. Es importante señalar que hay enfermedades, trastornos y alteraciones consideradas como graves, que requieren ser abordadas con mayor profundidad desde el sector de la salud y no desde la educación, por lo que es fundamental una coordinación y trabajo de carácter intersectorial.

Se puede sintetizar afirmando que pueden existir afectaciones de naturaleza orgánica y/o funcional en las diferentes partes del Sistema Nervioso que provocan Necesidades Educativas Especiales en la persona que las padece, estas necesidades pueden ser de carácter **transitorio o permanente**. De hecho, hay personas que requieren ayudas y recursos solo en un momento determinado de su vida, otros en cambio requerirán de estos apoyos de un modo sostenido en el tiempo.

2.1.1 Particularidades de algunas alteraciones y trastornos que pueden provocar NEE con carácter transitorio.

Trastornos Emocionales; Existe una bibliografía muy variada y extensa donde se explican muchos términos para describir los trastornos emocionales, mentales o del comportamiento.

En la actualidad un conjunto de síntomas y signos conforman el cuadro clínico que califica como "trastornos emocionales" y de acuerdo a las clasificaciones generalmente aceptadas, pueden definirse como:

La condición que exhibe una o más de las siguientes características de manera prolongada, lo cual influye de modo desfavorable en el rendimiento académico del estudiante:

- Dificultades para aprender, que no pueden atribuirse a componentes intelectuales, sensoriales, o alteraciones de la salud;

- Dificultad para iniciar o mantener relaciones interpersonales fluidas con compañeros y profesores;

- Comportamiento bajo circunstancias normales de sentimientos inapropiados;

- Un frecuente, inmotivado y sostenido estado general de descontento, depresión, alegría o euforia;

- Tendencia a manifestar síntomas físicos o temores relacionados con problemas personales o escolares.

Las causas de los trastornos emocionales no han sido adecuadamente determinadas. Aunque algunas causas pueden incluir aspectos tales como dieta inadecuada, predisposición de los factores genéticos, desórdenes mentales, presiones externas, abandono pedagógico y un incorrecto funcionamiento familiar.

Según las Informaciones del Centro Nacional de Diseminación de información para niños con discapacidades de Washington dentro de las características y comportamientos típicos de las personas con trastornos emocionales se incluyen:

- *Hiperactividad,* (falta de atención, impulsividad y excesiva actividad).

- *Agresiones,* (un comportamiento que puede resultar en daños propios o a los demás);

- *Retraimiento,* (dificultad para iniciar intercambios con el resto del grupo social; renuncia brusca a la interacción social; miedos inmotivados y ansiedades sobredimensionadas);

- *Inmadurez,* (el individuo se muestra triste en ocasiones inapropiadas, alteraciones del temperamento, habilidad inadecuada de adaptación, generalmente actúa por debajo de las expectativas correspondientes a su edad cronológica y/o mental);

- *Dificultades en el aprendizaje,* (rendimiento académico que no alcanza el nivel correspondiente al grado que cursa).

Los individuos con los trastornos emocionales más serios pueden exhibir un pensamiento incoherente, ansiedad, actos motrices impropios, y un temperamento en exceso inestable. En el peor de los casos suelen ser clasificados como personas con esquizofrenia o psicosis severa.

Muchas personas que no tienen identificado un trastorno emocional definido pueden experimentar algunas de estas conductas durante diferentes etapas de su vida. Sin embargo, cuando estos presentan trastornos emocionales, este tipo de comportamiento continúa durante prolongados intervalos de tiempo y su actuación denota que no se sienten cómodos dentro de su ambiente habitual.

Siguiendo la misma línea de pensamiento acerca de los aspectos emocionales – afectivos y del impacto de las emociones en problemas de salud y sociales se puede deducir que *En cuanto al impacto de los trastornos emocionales en la enseñanza;* el currículo para los estudiantes con necesidades educativas derivadas de problemas emocionales deben incluir una atención que les ayude a dominar el ámbito académico y el social, haciendo énfasis en el fortalecimiento de la auto estima, la auto conciencia y el auto control.

Existen amplios grupos de investigación relacionados con los métodos para proveer a los estudiantes de ayuda profesional para desarrollar una conducta positiva en el entorno escolar, para que los trastornos emocionales se reduzcan y se potencien comportamientos apropiados. También es importante saber que dentro del ámbito escolar:

1. Para un estudiante cuya conducta no le permite el aprendizaje (y genere interferencia con el aprendizaje del resto del grupo escolar), el equipo docente que esté desarrollando algún programa educativo personalizado necesitará tener en cuenta la implementación de estrategias dirigidas a compensar la desviación de su comportamiento.

2. Los programas de preparación profesional, tanto vocacionales como académicos, pueden constituir una parte importante de la educación primaria o secundaria y recibir una estrategia de continuidad en la enseñanza superior.

3. Los alumnos y alumnas que necesitan recibir servicios de atención especial con vistas a compensar características que califican en la categoría de trastornos emocionales, pueden incluir servicios psicológicos o de asesoramiento por otros profesionales.

En estos casos tanto las familias como sus hijos e hijas necesitan apoyo, cuidados para reforzar la función de los padres, servicios intensivos para el manejo del caso, y planes de intervención que incluyan la participación de personal capacitado para proveer estos servicios.

Las familias de los estudiantes con problemas emocionales pueden necesitar ayuda para comprender la condición que este presenta y aprender a trabajar efectivamente con él o ella. Pueden recibir ayuda de psiquiatras, psicólogos u otros profesionales en salud mental.

Estas personas deben recibir servicios basados en sus necesidades individuales, y todas las personas que trabajan con ellos deben estar al tanto del cuidado que están recibiendo. Es importante coordinar todos los servicios entre hogar, escuela, y comunidad, manteniendo activas las vías de comunicación.

Violencia Intrafamiliar; no es más que el efecto ofensivo producido por acción u omisión y está protagonizada por los miembros que conforman el grupo familiar (por lazos de afinidad, consanguinidad o adopción) y que transforma en lesivas y humillantes la relaciones entre ellos causando daño físico, sexual, emocional, económico o social a uno o varios de los integrantes del grupo.

Se ha interpretado además que pudieran existir tres casos que pueden corresponderse con tres focos generadores de una respuesta violenta:

1. Cuando se evidencian situaciones y condiciones generadoras de problemas que, se sabe, desencadenan o se asocian con respuestas violentas. Las condiciones están dadas pero aún no se genera daño alguno. Según el modelo de riesgo-protección, se diría que las familias se enfrentan ya a situaciones de estrés, y/o debilidad en sus factores protectores, pero el balance entre unos y otros todavía es favorable.

2. Cuando la familia ya se enfrenta a problemas que, se sabe, desencadenan o se asocian con respuestas violentas. Todavía no se genera daño visible, pero la familia tiene dificultades para resolver de modo adecuado (constructivamente) la tensión entre necesidades, intereses, sentimientos y recursos disponibles. La tensión es creciente, no se logra acuerdo sobre las metas o sobre los medios, se generan inequidades de poder, los miembros de la familia son conscientes del conflicto y pueden reconocer la oposición entre unos y otros. Aquí los factores de riesgo se han incrementado y el balance en los factores protectores resulta negativo.

3. Cuando ya se ha instaurado la respuesta violenta. Las tensiones se resuelven por la vía violenta: negando, dominando, segregando, excluyendo, rechazando, agrediendo, intimidando y aniquilando al oponente. En este caso los factores de riesgo se han exacerbado

al máximo, los protectores se encuentran muy debilitados y la capacidad de respuesta de la familia se encuentra muy disminuida. Han perdido autonomía y control sobre las situaciones de tensión.

La violencia intrafamiliar no se detiene con el tiempo ni de manera espontánea; contrariamente y con muy alta frecuencia se incrementa con el paso de los meses y de los años. Este prototipo de violencia en escala ascendente es llamado *Síndrome Battering* (que consiste en un conjunto de signos y señales de excesivo control por parte del victimario, que domina e intimida a la víctima de su proceder, generalmente la víctima es una mujer por lo que califica en lo que ha dado en llamarse *violencia de género*).

Pueden identificarse algunas manifestaciones de violencia intrafamiliar donde invariablemente el ofensor emplea muchas formas de abuso para ganar control y ejercer poder sobre sus víctimas, (en la mayoría de los casos incluyen abuso o maltrato)

Se puede describir que existen numerosos y diversos elementos que se constituyen en aspectos favorables a la aparición e incremento de la violencia intrafamiliar, cuya presencia es un parámetro trazador de este flagelo:

Problemáticas actuales Socio - Familiar

Socioculturales	Familiares	Sociales	Sociofamiliares
Bajo nivel de instrucción y de ingresos.	Celos y crisis conyugales.	Dificultades económicas o laborales.	Adopción del machismo como valor social.
Desvinculación laboral.	Situaciones traumáticas de la infancia.	Tensiones sociales.	Prejuicios y mitos sobre la sexualidad.
Subvaloración social de uno o más miembros del grupo.	Rivalidad de caracteres.	Diferencias políticas entre los cónyuges.	Subvaloración del sexo femenino

Alcoholismo, drogadicción y trastornos de la personalidad.	Intolerancia.		Identificación de la mujer como objeto sexual
Empleo de la violencia física como instrumento para la solución de conflictos.	Noviazgos apresurados.		Discriminación por parte de quien ostenta el poder económico.
Pasividad e inseguridad.	Uniones forzadas.		Comportamiento discriminatorio de uno de los miembros de la familia.
Agresividad e intolerancia.	Carencia de prioridades.		Hacinamiento
Incapacidad para tomar decisiones.	Ausencia de autocrítica.		
Baja autoestima.	Tendencia a interesarse más por las familias de origen, que por la propia.		
	Influencia de las familias de origen en la relación.		
	Alianzas entre algunos miembros de la familia.		

Otra manifestación que lleva a la violencia intrafamiliar y a provocar necesidades educativas especiales es la ***Drogadicción,*** cuya presencia corroe las entrañas más profundas de la sociedad a nivel global. Es un asunto por sí mismo muy complejo, es difícil abordarlo de manera integral en una publicación como la presente, pero lo que sí podemos afirmar con absoluta certeza son algunas pautas educativas sobre lo que es el problema de la drogadicción en jóvenes y adultos.

Es un aspecto donde la responsabilidad es de todos, tanto en su prevención como en la solución, y aunque en algunos de nuestros países la veamos lejana y distante es un problema con características mundiales; lo más importante es percatarse de que la lucha que debemos librar, cuando ya está instalado el fenómeno de la drogadicción en cualquiera de nuestras naciones, es una tarea que no se circunscribe a la lucha contra las drogas en sí mismas, pues ellas existen y muchas veces tienen un uso médico para nada reprochable. La lucha, debe ser contra la drogadicción, que es una conducta inadecuada caracterizada por un consumo insano de dichas drogas y que muchas veces tiene su base en la falta de apoyo que los hijos e hijas reciben de sus padres y de sus educadores. Por eso todos somos responsables de que se desarrolle una conducta diferente en los adolescentes, su prevención y el apoyo a su curación.

La responsabilidad mayor consiste en estar atentos a los síntomas típicos de la drogadicción. Descubrir en el hijo o la hija lo que en ella hay de valioso para fortalecer su autoestima y reforzar su imagen ante ellos mismos, para hacerlos sentir que son personas con capacidad para superar el trastorno y extraer de sí mismos las potencialidades que los sitúan como universos personales únicos e irrepetibles.

De ahí la necesidad de que formemos a nuestros hijos e hijas partiendo de una formación que se inicia desde la etapa más temprana y no abandonando el empeño ni siquiera al titularse en la institución universitaria; convertir los programas escolares y la actuación de los docentes en verdaderos instrumentos que brinden respuestas existenciales a las inquietudes de todos los estudiantes.

Otras de las Necesidades educativas especiales pueden ser las provocadas por Trastornos Específicos del Lenguaje; se ha visto reflejado que las afectaciones de la comprensión y/o expresión del lenguaje en los niveles fonológico, morfo-sintáctico, semántico y pragmático, mantienen una prevalencia alta e influyen en otras áreas del desarrollo del estudiante; especialmente en las áreas social y escolar. En este último aspecto constituyen una barrera importante para el proceso enseñanza-aprendizaje.

En los primeros años de escolarización (educación preescolar y primaria) se observan trastornos en la adquisición y uso de las habilidades lingüísticas básicas (semántica, morfología y sintaxis).

En los cursos medio y superior, los problemas se manifiestan en el empleo del lenguaje para la comunicación, razonamiento y solución de problemas (pragmática, metalingüística, y metacognición).

El alumno y la alumna con Trastornos Específicos del Lenguaje es un individuo con necesidades educativas especiales, que requiere apoyo específico e intensivo, con múltiples enfoques: naturalista, interactivo y colaborativo, contextuales en el entorno escolar y con el proceso de participación de la familia, para el logro de los objetivos educativos.

Tanto el lenguaje como la comunicación, son conceptos de límites borrosos y de complejidad variable, podemos definirlos desde distintos puntos de vista.

Las habilidades de comunicación aparecen antes que el surgimiento del lenguaje hablado, estas se desarrollan y tienen lugar en un contexto de interacción social.

El lenguaje oral, por lo tanto, surge como un canal útil e instrumento ideal para desarrollar acciones comunicativas y de representación.

El individuo y su medio se determinan recíprocamente constituyéndose en una unidad biopsicosocial, ambas partes se complementan, condicionan e interactúan en constantes reajustes de manera que no puede concebirse la existencia de una sin la otra.

Otro de los trastornos que puede traer consigo Necesidades educativas especiales son los Trastornos Específicos del Aprendizaje, se puede interpretar que estos trastornos se manifiestan en personas con inteligencia "normal" o próxima a lo considerado normal que, sin embargo, no presentan alteraciones sensomotoras o emocionales severas. Su ambiente sociocultural y educacional por lo general es satisfactorio.

Estos individuos no logran un rendimiento escolar habitualmente aceptado y presentan dificultades reiteradas en ciertas áreas del aprendizaje, funcionando bien en algunas y mal en otras. Estas dificultades dependen de alteraciones en el desarrollo, la maduración psíquica y neurológica.

La presencia de estos trastornos se manifiestan en diferentes niveles de aprendizaje: recepción, comprensión, retención y creatividad en relación a su edad mental y ausencia de alteraciones sensoriales graves.

Aprenden en cantidad y calidad inferior a lo esperado en relación con su capacidad. Este desnivel entre el potencial y la capacidad de aprendizaje se produce por alteraciones psiconeurológicas.

Por ejemplo hay casos en que puede observarse un menor desarrollo en la comprensión matemática por alteraciones en los procesos de clasificación y seriación. En concreto, es muy difícil definir de manera directa si la dificultad responde a un cuadro de problema general o particular debido a que presentan características de ambas categorías. Del mismo modo, hay personas que manifiestan problemas generales asociándose un trastorno específico.

Es recomendable que los padres comenten con las autoridades escolares la presencia de estos trastornos y soliciten una evaluación psicopedagógica, la que permitiría realizar un diagnóstico precoz dentro del marco de una intervención adecuada. Esta evaluación posibilitaría despejar dudas y orientar el proceso escolar desde su aparición, ubicando a la persona en un ambiente adecuado que responda a sus requerimientos.

Según los resultados de la evaluación, en algunos casos es posible indicar el ingreso a un tratamiento psicopedagógico y en otros casos la intervención consistiría en sugerir posibles instituciones con lineamientos, características y currículos apropiados a sus necesidades así como planes de integración.

Es necesario evaluar el proceso de aprendizaje en diferentes etapas con sugerencias tanto orientadas hacia el hogar como hacia el ámbito educativo.

En todos los casos la intervención estaría orientada a estimular funciones y habilidades en el proceso de lectoescritura, cálculo y desarrollo de las estrategias del pensamiento.

Otra de las manifestaciones que puede provocar necesidades educativas especiales es el *Aprendizaje lento,* se puede resumir que se refiere a las personas que muestran dificultades para seguir un ritmo de aprendizaje "normal", por presentar problemas a nivel de memoria, junto con una menor capacidad de atención a estímulos verbales y de expresión así como dificultades para evocar y recuperar la información aprendida.

Estos alumnos y alumnas no clasifican en la categoría de retardo mental, ni tampoco presentan un trastorno específico de aprendizaje (TEA), ni alteraciones en su desarrollo sensorial o afectivo. Este grupo está constituido por individuos con un desarrollo más lento y con un ritmo crónico de aprendizaje inferior al resto de sus compañeros.

En línea con lo abordado, se precisan las características educativas de las personas con Aprendizaje Lento:

1. Lentitud para procesar la información escolar y para sincronizarse con el ritmo de aprendizaje del resto de sus compañeros.

2. Inadecuación entre el nivel de desarrollo de sus estructuras cognitivas y el grado de complejidad de los contenidos docentes.

3. Insuficiente motivación para aprender, combinada con una baja autoestima.

4. Falta de coordinación entre sus habilidades psicolingüísticas y el lenguaje utilizado por el profesor.

5. Ausencia de la autonomía necesaria para el establecimiento de sus propias estrategias orientadas a estudiar y memorizar.

6. Dificultad para cumplimentar sus tareas individuales.

7. Escasa atención.

8. Bajo nivel de perseverancia.

9. Insuficiente asertividad en relación con la autoridad y dificultad para hacerse escuchar.

10. Desde el ámbito familiar, serían personas que presentan dificultades en la realización autónoma de tareas y la existencia de bajas expectativas de los padres con respecto a sus hijos e hijas.

En el escenario escolar se requiere de flexibilidad y adaptabilidad del sistema docente y adecuar las exigencias curriculares a sus capacidades e intereses y el ajuste del número de alumnos por curso, respetar su ritmo propio de aprendizaje, realizar una evaluación del nivel cognitivo que permita planificar un aprendizaje acorde con el nivel de desarrollo de cada estudiante.

Se debe considerar que la mayoría de los alumnos puede lograr un nivel de aprendizaje adecuado si reciben una instrucción graduada a partir del nivel de funciones previamente diagnosticadas, del mismo modo que si reciben una ayuda oportuna, a través del desarrollo de estrategias cognitivas y del tiempo necesario para el aprendizaje.

En cuanto a los *Trastornos Conductuales como otra NEE* se puede resumir que los trastornos de la conducta y del comportamiento se han convertido en una de las situaciones más preocupantes para padres y profesores que ven cómo sus hijos e hijas o alumnos y alumnas presentan cuadros conductuales que necesitan apoyo médico y psicopedagógico.

Si hubiese que emitir una definición clara y sencilla sobre estos trastornos recurriríamos a aquella que los define como: "los problemas que tienen nuestros hijos e hijas cuando presentan dificultades para cumplir las normas de comportamiento que por lo general se aceptan".

Dentro de estos trastornos abunda un comportamiento agresivo y violento, que puede incluso llevar al individuo a la utilización de armas, está frecuentemente relacionado con un conjunto de causas multifactoriales que han provocado esta situación. Algunas de las más significativas son:

1. Trastorno asociado con una afección en el lóbulo frontal del cerebro, lo que impide a estas personas llevar a cabo actuaciones de planificación o evitación de riesgos, así como aprender de sus experiencias negativas.

2. Predisposición genética, heredadas de la familia. En esta dirección es frecuente encontrar en el entorno familiar a individuos con trastornos mentales graves, como esquizofrenia, paranoia, trastornos de la personalidad o enfermedades neurológicas.

3. Con frecuencia, también, se encuentran personas con trastornos de la conducta que presentan síntomas del Trastorno de la Atención e Hiperactividad.

4. Familias desestructuradas y con graves conflictos entre sus miembros, que no cuentan con el adecuado apoyo familiar. Suelen proceder de familias marginales y muy inestables: los padres se han divorciado; son hijos de madre soltera o de padres desvinculados socialmente. Estas situaciones han llegado a

provocar que estas personas sufran en su propia piel la violencia en el hogar.

5. Rechazo social; personas que no son totalmente aceptadas entre el resto de sus compañeros.

6. Bajo nivel socioeconómico en la familia (pobreza, carencia de medios, necesidades económicas de todo tipo).

7. Comportamiento agresivo o violencia previa. frecuentemente relacionado con situaciones de abuso físico o sexual, donde ellos han sido las víctimas.

8. Exposición a la violencia en los medios de difusión (televisión, radio, etc.).

9. Drogadicción o alcoholismo, o ambos.

10. Presencia de armas de fuego en la casa.

11. Daño cerebral debido a traumas encefálicos.

12. Convivencia con delincuentes.

2.1.2 Ejemplos de alteraciones y trastornos que pueden provocar NEE con carácter permanente

Después de analizar las alteraciones y trastornos que pueden provocar NEE, se puede resumir que:

Trastorno Intelectual (Retraso mental), Es importante señalar la diferencia entre retardo mental y retraso mental, porque en algunos casos se utilizan como sinónimos cuando realmente no lo son.

El retraso mental se da cuando una persona no puede alcanzar el nivel intelectual esperado para su edad cronológica, lo cual en muchos casos se debe a distintas causas como puede ser un trauma emocional o un ambiente social desfavorable. No obstante, con un tratamiento adecuado o estimulación y al transcurrir del tiempo la persona es capaz de alcanzar el nivel medio esperado.

Es decir que el retraso mental es de *carácter reversible.*

Por otra parte, el retardo mental es causado por una lesión cerebral, y por lo tanto la única solución consiste en identificar cuál es la lesión, en qué localización cerebral se presenta y qué grado de lesión lo provoca.

Los signos del retardo mental muestran un coeficiente intelectual bajo y una dificultad significativa en la adaptación a la vida diaria. Se manifiestan alteraciones a nivel orgánico, psíquico y socio-cognitivo. Está caracterizado por un funcionamiento inferior a la media, junto con limitaciones asociadas en dos o más de las habilidades adaptativas: cuidado personal, comunicación, vida en el hogar, habilidades sociales, relación con la comunidad, salud y seguridad, habilidades académicas funcionales, ocio y trabajo. El retardo mental se manifiesta en edades relativamente tempranas.

Trastorno Auditivo (sordera e hipoacusia severa), los trastornos auditivos consisten en la carencia, disminución o deficiencia de la capacidad auditiva. Existen tres tipos de discapacidad auditiva: Pérdida auditiva conductiva, pérdida auditiva sensorial y pérdida auditiva mixta.

El sonido es una forma de energía producida por el movimiento vibratorio de los cuerpos. Gracias al oído la percibimos como sensación auditiva.

Los sonidos penetran el oído a través del pabellón auditivo u oreja y hacen vibrar la membrana timpánica. La cadena de huesecillos recibe esta vibración y amplifica la señal recibida para hacerla pasar de un medio aéreo al medio líquido *(perilinfa)*, del oído interno.

Los movimientos del estribo producen desplazamientos del líquido en el oído interno y estos estimulan las células ciliadas del órgano de

Corti. Estas células envían la señal por el nervio auditivo hasta los centros del cerebro encargado de procesar el sonido.

Para saber si una persona tiene dificultades auditivas se emplean las pruebas audiométricas. Una de estas pruebas, *la audiometría de tonos puros*, se representa mediante una gráfica llamada *audiograma*.

Tomando como referencia las definiciones establecidas por la OMS, que define la discapacidad como la "restricción o ausencia (debido a una deficiencia) de la capacidad de realizar una actividad en la forma, o dentro del margen de lo que se considera normal para el ser humano".

Así una pérdida auditiva causa una *deficiencia auditiva*, ya que produce una dificultad o imposibilidad de hacer uso de la audición en las actividades y circunstancias en las que es habitual hacerlo.

Además también afecta - y muy especialmente por la importancia que este tiene - al lenguaje, a su adquisición y uso. Lo cual genera una *necesidad auditiva*.

Desde la perspectiva de la educación, la clasificación de los trastornos auditivos se puede simplificar, reduciéndola a la diferencia entre *hipoacusia* y *sordera*. Se habla de hipoacusia cuando se reduce la capacidad de una persona para percibir el sonido. La sordera se produce cuando el umbral auditivo se sitúa por encima de los 90 dB e impide adquirir de forma natural el lenguaje, siendo necesario recurrir a una instrucción. Este grado de pérdida afecta a un 0,1% ó 0,2% de la población.

Para analizar las implicaciones de los trastornos auditivos debe considerarse de que toda pérdida auditiva genera un conjunto de Necesidades Educativas que exigen una respuesta educativa para ser atendidas adecuadamente.

Los Trastornos Visuales se puede resumir que: Los trastornos visuales están relacionados con la carencia, deficiencia o disminución de la visión. Para muchas personas la palabra ciego significa carencia total de la visión, sin embargo, los trastornos visuales pueden clasificar en un amplio espectro entre la ceguera total, es decir ausencia de respuesta visual o amaurosis, y la ceguera legal donde puede medirse el 1/10 de agudeza visual en el ojo de mayor visión, con correctivos y/o 20 grados de campo visual.

Es importante hacer notar que el diagnóstico de una determinada patología visual (por más completo que sea este), no brinda una información acertada acerca del rendimiento de esta persona en las tareas visuales.

La persona disminuida visual no puede clasificarse como ciega ni como vidente, no puede determinarse exactamente cuánto ve, ni siquiera explicárselo a los demás.

Frecuentemente, el que ve poco no maneja estrategias específicas para suplir su déficit (Braille, bastón blanco, sentido del obstáculo etc.) En ocasiones el resto visual, no representa una ventaja sino lo contrario: no ve lo suficiente para manejarse como vidente pero no maneja los instrumentos de los que podría beneficiarse una persona ciega rehabilitada.

Esta situación implica también un grado de tensión extra tanto física como psíquica, lo cual puede determinar patologías asociadas de origen psicodinámico por ejemplo: Contracturas (Especialmente de espalda y cuello).

Que una persona no pueda funcionar visualmente para algunas tareas, no significa que no pueda hacerlo en todas; el rendimiento puede variar según las condiciones anímicas, físicas y del ambiente. Cada patología tiene sus particularidades y dificultades. Los lentes pueden mejorar el rendimiento de las personas con baja visión, pero no bastan para hacer que vean normalmente.

En el caso de las personas con ceguera total, la funcionalidad del "órgano enfermo" (el ojo), está definitivamente perdida y lo que se persigue, en un proceso de rehabilitación, es fundamentalmente enseñar habilidades que le permitan al sujeto, realizar las funciones de su vida diaria, utilizando la información que le brindan sus otros sentidos: utilizar el oído para orientarse, el tacto para identificar objetos, etc.

El Trastorno Motor reúne trastornos muy diversos, entre los que se encuentran aquellos relacionados con alguna alteración motriz, causada por un mal funcionamiento del sistema óseo articular, muscular y/o nervioso y que, en grado variable, supone limitaciones a la hora de enfrentar ciertas actividades de la vida cotidiana que implican movilidad.

Incluye deficiencias causadas por una anomalía congénita (por ejemplo, el pie equino varo, la ausencia de un miembro), deficiencias causadas por enfermedad (por ejemplo, poliomielitis, tuberculosis de los huesos) y deficiencias producidas por otras causas (por ejemplo, parálisis cerebral, amputaciones, y fracturas o quemaduras que causan contracturas).

La percepción que se tiene de una persona con trastornos motrices ha variado con el decursar del tiempo, anteriormente estas personas eran confinadas a su hogar, sin posibilidades de socializarse y mucho menos con opciones laborales, esta condición día a día va mejorando, y las autoridades van tomando mayor conciencia de implementar políticas con una tendencia a que las ciudades sean lugares más amables hacia la personas que conviven con trastornos de este tipo. Actualmente personas con este tipo de trastornos ocupan cargos importantes en la política, son empresarios sobresalientes, virtuosos músicos, destacados deportistas, talentosos artistas, etc.

Existen diversas causas por las cuales se presentan los trastornos motores; factores congénitos, hereditarios, cromosómicos, por traumas, accidentes o enfermedades degenerativas, neuromusculares, infecciosas o metabólicas entre otras.

Mencionaremos a continuación las causas más conocidas:

• **_Lesión medular:_** Es una afectación que se presenta en la médula espinal y puede ser ocasionada por una enfermedad o por un accidente; origina pérdida de algunas de las funciones, movimientos y/o sensibilidad, estas pérdidas se presentan por debajo del lugar donde ocurrió la lesión.

• *Paraplejia:* Es una lesión completa en el área dorsal y produce parálisis total en las piernas pero no afecta los brazos.

• *Tetraplejía:* Es una lesión completa entre las vértebras cervicales 4 y 7 produciendo debilidad en los brazos y parálisis total en las piernas.

• *Esclerosis Múltiple,* enfermedad eminentemente inmunológica, en la que se genera un tipo de alergia de una parte del sistema nervioso central, afectando los nervios que están recubiertos por la capa de mielina. Se llama esclerosis porque hay endurecimiento o cicatriz del tejido en las áreas dañadas y múltiples porque se afectan zonas aparentemente no relacionadas del sistema nervioso central, donde los síntomas pueden ser severos o leves, los que pueden manifestarse con una periodicidad impredecible y errática, es diferente en cada paciente. Existen dos formas básicas de EM: La más corriente se manifiesta con brotes (síntomas) espaciados que pueden durar días o semanas. Los brotes no son necesariamente acumulativos y entre uno y otro pueden pasar meses o años. La segunda es crónica, más compleja, con brotes progresivos.

• *Parálisis cerebral,* conjunto de desórdenes cerebrales que afectan el movimiento y la coordinación muscular. Es causada por daño a una o más áreas específicas del cerebro, generalmente durante el desarrollo fetal, pero también puede producirse justo antes, durante o poco después del nacimiento, como también por situaciones traumáticas (accidentes). Existen diversos grados de parálisis cerebral. Tradicionalmente se distinguen cuatro tipos: *Espástica, Atetósico, Atáxica y Mixta.*

Con el fin de aplicar con ellos tratamientos eficaces y eficientes se clasifican como:

- *Leves:* tienen una muy pequeña limitación en las actividades o falta de coordinación.

- *Moderados:* discapacidades tan severas que pueden afectar la ambulación, cuidado de sí mismo y comunicación, pero que no los descapaciten completamente.

- *Severos:* discapacidades que, sin tratamiento, son casi completamente irreversibles.

¿Cómo desarrollar las habilidades motoras?

Primeramente se necesita de un *diagnóstico certero*, donde se evalúen bien las capacidades motrices y las intelectuales.

En cuanto a las capacidades motrices es muy importante antes del tratamiento hacer:

- *Examen psicomotor,* donde se valoren equilibrio, control, coordinación, organización espacial y temporal.

- *Examen cognitivo-motriz,* donde se valoren percepción y memoria visual, así como la coordinación viso-audio-motor, fundamental para el proceso de la lectoescritura.

Luego deben elaborarse bien los objetivos que se desean lograr, teniendo en cuenta las habilidades que la persona conserva.

Es muy conveniente utilizar el juego en los niños porque esto los motiva aprenden y los educa, desarrollándoles sentimientos y valores.

Ejemplos de juegos:

Es muy importante el diagnóstico y la determinación de necesidades desde edades tempranas, se debe ser muy exigente con esto, para poder influir positivamente en la persona y de esta manera poder comprender el por qué de sus reacciones y comportamientos.

Trastornos Multidéficit, Las personas portadoras de trastornos múltiples son las afectadas en dos o más áreas, caracterizando una asociación entre diferentes desórdenes, con posibilidades bastante amplias de combinaciones.

Un ejemplo serían las personas que tienen trastorno mental y físico.

Este tipo de trastorno es una situación grave y, afortunadamente, su presencia en la población en general es menor, en términos numéricos. Puede ser que las instituciones educativas raramente (o nunca) reciban personas con múltiples discapacidades, pero consideramos importante brindar información sobre esta posibilidad.

Existen ***Graves Alteraciones en la capacidad de relación y comunicación (Autismo),*** que se trata de un trastorno del desarrollo que persiste a lo largo de toda la vida. Este síndrome se hace evidente durante los primeros dos años de vida y genera diferentes grados de alteración del lenguaje y la comunicación, de las competencias sociales y de la imaginación.

Frecuentemente, estos síntomas se acompañan de comportamientos anormales, tales como actividades e intereses de carácter repetitivo y estereotipado, de movimientos de balanceo, y de obsesiones insólitas hacia ciertos objetos o acontecimientos.

Hay muy pocas personas con autismo que tengan la capacidad suficiente para desempeñarse con un grado importante de autonomía, y la mayoría requieren una gran ayuda durante toda la vida.

2.1.3 Ejemplos de otras alteraciones y trastornos del aprendizaje.

Existen otros problemas de aprendizaje que el pedagogo debe conocer y que no tipifican completamente en las mencionadas pero que pueden presentarse en las aulas y provocar Necesidades Educativas Especiales.

Pueden ser las siguientes:

- *Dislexia,* es probablemente la más conocida y se usa para describir la dificultad en el procesamiento del lenguaje y su impacto en la lectura.

- *Disgrafía,* es la dificultad para aprender a escribir. Los problemas se pueden observar actualmente en la motricidad necesaria para la escritura. Otra de las características es que tienen dificultad con la ortografía y al escribir una composición.

- *Discalculia,* es la dificultad para las matemáticas e impacta en la habilidad para resolver o calcular operaciones aritméticas. También puede impactar en la memoria de datos matemáticos, conceptos relacionados con el tiempo, dinero y conceptos musicales.

- *Dispraxia, (apraxia)* es una dificultad del planeamiento motriz, que afecta la habilidad de una persona para hacer los movimientos correctos del cuerpo.

- *La discriminación auditiva,* es el componente clave en el uso eficiente del lenguaje y es necesario para "descifrar el código" para poder leer. Es la habilidad para reconocer las diferencias entre los sonidos y colocarlos en forma sucesiva para convertirlos en palabras que tienen sentido.

- *La percepción visual,* es muy importante en los procesos de la lectura y escritura ya que se enfoca en la habilidad de prestar atención a los detalles importantes y darle sentido a lo que se observa.

- *El Trastorno por Déficit de Atención e Hiperactividad, (en inglés* **ADD/ADHD***)* puede manifestarse al mismo tiempo que los problemas de aprendizaje (la estimación de la frecuencia varía), Las características pueden incluir: hiperactividad, distracción y/o impulsividad que puede afectar la posibilidad de aprendizaje de un individuo.

Se considera fundamental atender el ambiente escolar en el que se educan alumnos y alumnas porque si el centro escolar no está sensibilizado para brindar la atención al aprendizaje que la diversidad de los estudiantes requiere, si los maestros no están lo suficientemente preparados, si las metodologías y las estrategias de enseñanza no son adecuadas o las relaciones interpersonales y la comunicación entre la escuela, familia y la comunidad está deteriorada, puede afectar seriamente en el aprendizaje escolar y propiciar el agravamiento de las necesidades educativas especiales.

CAPÍTULO 3

1.1 El Pedagogo: Profesional Competente para atender las Necesidades Educativas Especiales.

El pedagogo que trabaja con personas que poseen necesidades educativas especiales tiene que situarse forzosamente en un lugar intermedio entre lo educativo, lo psicológico, lo médico y lo terapéutico; a causa de que la demanda de los alumnos, alumnas, adolescentes, y jóvenes y la de sus padres va más allá de la simple transmisión del saber. Un pedagogo que tenga en su aula personas con Necesidades Educativas Especiales se ve forzado a salir de su rol meramente educativo.

Cuando el profesional de la pedagogía se dirige a cumplir con los compromisos académicos, se prepara para interactuar con personas, que al parecer de algunos, *"tienen"* la obligación de estar acondicionados física, intelectual, y afectivamente para recibir los conocimientos; pero *¿qué sucede cuando ese formato equivocadamente determinista, es cambiado, y se encuentran con personas que enfrentan algún tipo de necesidad especial, en su desarrollo motriz, cognitivo e interpersonal?*, es en estos casos cuando el docente debe mostrar su verdadera vocación y maestría pedagógica, buscando y creando métodos para adecuar el proceso de enseñanza–aprendizaje, a estas personas que muestran sorpresivamente dentro de su mundo, las habilidades más extraordinarias que alguien pueda imaginar, como la tremenda capacidad de atención, abstracción y de memoria, en alguien que presenta problemas de motricidad en sus miembros superiores lo cual le impide escribir a la velocidad requerida o en algunos casos exigida, o personas invidentes con una gran capacidad de ver y percibir con otros órganos sensoriales lo que los llamados "normales" con sus ojos en plenitud de facultades no pueden ver ni percibir, personas que hacen un esfuerzo físico o mental adicional para poder adecuarse al ambiente donde sin duda alguna ellos son minoría.

Son conocidas las dificultades que trae consigo la integración de personas con necesidades educativas especiales en las aulas regulares, pero la Educación es una labor que se produce mancomunadamente, formada por un equipo de personas entre directivos, administrativos, docentes, y estudiantes, que responden a las inquietudes planteadas por *quién, a quién, qué, cómo y dónde*, por esto es importante que se doten a las instituciones en su infraestructura de las condiciones mínimas para recibir y albergar a quien lo requiera, promoviendo así la integración y garantizando el derecho a la educación.

El personal directivo y docente, debe estar conformado por personas con alta sensibilidad y un grado de preparación tal que les permita atender e identificar *necesidades educativas especiales* en los niveles de pregrado y postgrado, ya que el no hacerlo malogra y desvía el verdadero sentido y objetivo de la función educativa.

Este tema encierra el fundamento mismo de la educación especial en la universidad, y muestra el lado oscuro de la misma, por lo tanto consideramos necesario concentrarnos en crear los mecanismos que contribuyan al perfeccionamiento de la *educación integrada*, habilitando cada vez más instituciones en condiciones aptas para ejercer la función integradora, y mejorando las que ya existen.

Definitivamente es protagónico el papel que sin duda alguna ocupan estas personas con necesidades especiales, indudablemente valiosas, que con su tenacidad y gran espíritu de superación vencen los obstáculos que la vida misma les ha impuesto, convirtiendo sus supuestas discapacidades en verdaderas oportunidades de desarrollar sus capacidades. Son todos ellos un motivo más que inspira cotidianamente la vocación de los pedagogos que los atienden.

Cuando se incluye la atención a la diversidad en la enseñanza regular es necesario analizar con mayor profundidad las relaciones entre la Pedagogía y otras ciencias como: la Psicología y la Medicina.

No significa que los educadores abandonen su función y se dediquen a elaboraciones médicas y psicológicas, tampoco la Medicina y la Psicología pueden ocuparse de lo pedagógico, sin embargo hay algunas contribuciones que ellas pueden aportar al pedagogo que se ve apremiado por la sociedad, que demanda la adecuación de los alumnos y alumnas, los adolescentes y jóvenes a las necesidades de la misma y por la demanda de los padres que exigen simultáneamente la transmisión de los conocimientos escolares y el desarrollo en sentido general de sus vidas.

En el dominio de la Educación Especial, la intervención de la medicina es frecuente pues como analizamos en el capítulo anterior muchas de la Necesidades Educativas Especiales que se originan tienen una causa orgánica y/o funcional derivadas por afecciones en el Sistema Nervioso.

Por tanto el Pedagogo en particular necesita tener una formación amplia para poder desarrollar su quehacer pedagógico de manera integral y con calidad, esto se traduce en que los tiempos de hoy exigen que el pedagogo sea competente para poder lograr una educación desarrolladora.

Comúnmente cuando se piensa en *competencias* se imagina como una pugna, una competición, pero en relación con el tema que se aborda en este libro las competencias son un conjunto de *conocimientos (saber), habilidades (saber hacer), y actitudes (querer hacer)*, relacionados con la forma en que la persona está preparada para resolver problemas de su entorno. Estos componentes tienen que ver con las facetas del ser humano: *conocer, hacer, sentir y pensar.*

El *saber,* se relaciona con los conceptos, definiciones, datos, procesos, y otros elementos intangibles referidos al conocimiento.

El *saber hacer* se corresponde con las habilidades para poder llevar el saber a la práctica pensando siempre en la manera más adecuada de demostrar y de obtener resultados positivos. Tiene relación con el dominio de herramientas, instrumentos, dispositivos y equipos necesarios para la actividad que se va a desarrollar. Hablamos de herramientas tanto externas como internas en la persona.

El *querer hacer* se refiere a la voluntad, el estado de ánimo, el interés, la motivación de cada quien para hacerlo. Solo cuando el *saber*, el *saber hacer* y el *querer hacer* se encuentran equilibrados, se puede esperar un profesional con un desarrollo satisfactorio en su pensar, hacer y sentir. Solo cuando estos atributos están presentes de modo simultáneo y coordinado en un docente se puede hablar de un *profesional competente.*

Por tales motivos se debe exigir por todos los sistemas educativos que se materialice en la práctica actual la educación basada en competencias, concentrada en la construcción del conocimiento, no solo de la materia que se estudia sino buscando la vinculación con ciencias afines, en el desarrollo de habilidades y actitudes siendo evaluadas por sus resultados, por el desempeño en la realización del proceso y tareas que se desarrollan en distintos contextos.

Tomemos el ejemplo de un Pedagogo o profesional de la educación, el cual debe *saber* cuestiones relacionadas con la psicopedagogía, el desarrollo humano, la didáctica y la ética pedagógica, debe *saber hacer* las cuestiones relacionadas con estrategias de aprendizaje, adaptaciones curriculares, planes de clases, elaboración de programas de diferentes materias, diagnósticos pedagógicos, identificación de necesidades educativas tanto en sus alumnos y alumnas como en la familia de estos, buscar información, etc. se necesita que *quiera hacer* lo necesario para cumplir con lo anterior, y que por tanto manifieste una actitud adecuada ante cada situación, actitud ante al aprendizaje constante, a rectificar errores, a escuchar a los otros, a dar siempre el mejor esfuerzo.

Pongamos otra situación, un *profesor* que es muy hábil en la preparación teórica de sus clases, elabora planes muy adecuados y con todos los elementos requeridos, explicando textualmente en el manual todo lo que hay que hacer paso a paso, y siempre está dispuesto para cumplir cualquier tarea que encomiende la dirección de la escuela, sin embargo en el momento de hacerlo tiene dificultades en la práctica, le falta maestría pedagógica para llegar a todos sus alumnos, la mayoría no lo comprenden, se sitúa por encima de los conocimientos de sus alumnos y alumnas, sus métodos de enseñanza no alcanzan a todos. *En este caso, no podemos referirnos a él como un profesional competente.*

Son numerosas las historias de profesionales hábiles y conocedores, pero incapaces de relacionarse con los demás, de reconocer sus propios errores, o de prestar servicios más allá de sus obligaciones contractuales. De nada sirve formar excelentes profesionales, si no se les reconoce antes como ciudadanos y como personas.

No basta con simplemente *saber*, si no se resuelven los problemas reales con todo lo que se sabe. No basta con el *saber hacer* porque si no se tienen conocimientos se queda relegado a las posibilidades que brinda la mera herramienta. Así mismo, no basta con simplemente *querer hacer*, si no se cuentan con las posibilidades de pensar lo que se quiere hacer y hacerlo. Resulta relevante indicar, finalmente, que el criterio último para definir el verdadero grado de competencia de un profesional es su *capacidad real para transformar el entorno.*

1.2 El currículo en la Atención a la Diversidad

Se puede interpretar que definir el currículo presupone declarar las intenciones que el sistema educativo tiene para con su alumnado. Es decir, supone elegir, de entre todo lo que es posible aprender, aquello que se va a aprender en la institución educativa correspondiente. En el currículo se responde, a las preguntas relacionadas con el *qué, cómo y cuándo enseñar y finalmente evaluar.*

Responder a estas preguntas exige ineludiblemente reflexionar sobre las características del alumnado cuya función es hacer efectivos en sí mismos los aprendizajes. Este análisis transita por los necesarios ajustes en la enseñanza.

El proceso de enseñanza y aprendizaje tendrá mayor o menor éxito en la medida en que todas las partes estén correctamente articuladas, es decir, en el grado en que el profesorado adecue su intervención a la manera particular de aprender que tenga el alumnado. Desde esta perspectiva, la personalización de la enseñanza es la meta que todo Sistema Educativo persigue, a la vez que es el mayor desafío con que se enfrenta.

La historia de la educación puede interpretarse, entre otras posibles lecturas, como la evolución de la extensión de los servicios educativos a una población cada vez más amplia, con el incremento en la diversidad del alumnado y la compleja personalización de la enseñanza. El avance social del que esta extensión claramente presume, exige mejorar también los métodos de enseñanza y los recursos con los que cuenta el Sistema Educativo.

1.2.1 Ajustes curriculares

Cuando se trata de ajustes curriculares nos referimos en primer lugar, a una estrategia de actuación y planificación docente, y a un proceso para tratar de responder a las necesidades de aprendizaje de cada alumno y alumna.

Antes se afirmaba que el aprendizaje y la enseñanza son tareas complejas e inciertas, no se puede pensar en una estrategia certera que garantice el éxito en todos los casos.

Las estrategias de actuación se explican con criterios que conducen la toma de decisiones con respecto a qué es lo que el alumno o alumna debe aprender, cómo y cuándo, y a cuál es la mejor forma de organizar la enseñanza para que todos se beneficien.

Los ajustes son un producto, un conjunto de algoritmos que varían y que contienen objetivos y contenidos diferentes para unos alumnos y alumnas, estrategias de evaluación diversificadas, posibles secuencias o dosificación temporal distinta y organizaciones particulares de la actividad escolar.

Los ajustes curriculares son estrategias y asignación de recursos educativos adicionales de los que se disponen en las instituciones para facilitar acceso y progreso de los alumnos y alumnas con necesidades educativas especiales en el currículo; tienden a viabilizar el acceso al currículo común, o a brindar aprendizajes equivalentes por su temática, profundidad y riqueza a los estudiantes con necesidades educativas especiales. Se centran en la selección, diseño, elaboración y construcción de propuestas que enriquecen y diversifican el currículo común para alumnos y alumnas, o grupos de estudiantes en instituciones comunes, teniendo en cuenta las prioridades pedagógicas establecidas en los proyectos educativos institucionales y de cada grupo en particular. Quedarán registradas, con la correspondiente evaluación de sus resultados, en el expediente personal del educando.

Existen tres tipos principales de adaptaciones:

- **De acceso:** Son las que facilitan el acceso al currículo común, a través de recursos materiales específicos o modificaciones en las condiciones de interacción con los elementos de dicho currículo.

- **Curriculares propiamente dichas:** Son las que modifican uno o varios de los elementos de la planificación, gestión y evaluación curricular, se soportan en el **Diseño Curricular** y los aprendizajes para la acreditación que en estos se especifican. En este sentido, las modificaciones que involucran cambios en las expectativas de éxito académico podrían implicar modalidades distintas de acreditación y consecuentemente de certificación de los aprendizajes

- **De contexto:** Son las que actúan sobre la estructura del grupo y el clima emocional en el salón de clases, la institución y la comunidad.

Los actores involucrados en estos procesos tendrán como funciones:

- Evaluar las necesidades educativas especiales de los alumnos y alumnas con vista a determinar recursos, apoyos y las adecuaciones curriculares necesarias.

- Evaluar y acompañar con carácter permanente a los alumnos y alumnas con necesidades educativas especiales, facilitando su integración y la sostenibilidad de esta.

- Favorecer con su apoyo constante el desarrollo de los procesos en la institución.

- Participar junto a los docentes en las tareas de programación e implementación de las adecuaciones curriculares.

- Construir y utilizar con efectividad canales de comunicación, consulta y ayuda a los padres, guiando su participación y compromiso con el proceso educativo.

- Promover acciones y emplear los recursos existentes en la comunidad trabajando coordinadamente.

- Construir redes con otras instituciones educativas y de otros sectores para la atención de las necesidades educativas especiales.

- Implementar programas de prevención.

1.2.2 Desarrollo de una estrategia para emprender los ajustes en el currículo.

Una estrategia encaminada a establecer ajustes en el currículo de un alumno o alumna con necesidades educativas especiales debería iniciarse desde un grupo de cuestiones que podrían plantearse de una manera ordenada los encargados de conducir el proceso.

- ¿Qué es exactamente lo que el alumno o alumna no consigue hacer, y sus profesores quisieran que lograra?; o sea: *¿cómo detectar qué objetivo debería alcanzar el alumno o alumna?*

- ¿Cuáles son los contenidos (conceptos, procedimientos y actitudes) que, siendo necesarios para alcanzar ese objetivo, ya el alumno o alumna domina?; o sea: *¿cuál es el punto de partida para el refuerzo curricular?*

- Para auxiliar al alumno o alumna a alcanzar ese objetivo, ¿cuál es la acción más estratégica?; o sea, *¿cuál es el primer paso en la secuencia de los aprendizajes que conduce hacia la consecución del objetivo?*

- ¿Cuáles son las acciones metodológicas más adecuadas a tomar con el alumno o alumna para auxiliarle en ese primer paso?

- ¿Los recursos que se le han dado han permitido al alumno o alumna dar ese paso hacia el objetivo?

Decidir la inclusión de alumnos y alumnas con necesidades educativas especiales en el ámbito universitario requiere garantizar una respuesta educativa ajustada para aquellos que por sus particulares circunstancias y contextos están en desventaja y tienen mayores dificultades para beneficiarse de la educación escolar común.

Se trata de enfatizar en la respuesta educativa hacia las necesidades, poner a su alcance lo que requieren estos alumnos y alumnas, y no de focalizar la atención de modo exclusivo en sus limitaciones personales.

1.2.3 Aspectos importantes en la evaluación, acreditación, calificación, promoción y certificación de los aprendizajes de alumnos y alumnas con Necesidades Educativas Especiales.

- Otorgar libertad de decisión a los docentes y al equipo técnico, así como la posibilidad de disponer de una normativa flexible.

- Tomar en consideración que la decisión acerca de la promoción es medular y debe adoptarse en el marco de un programa educativo amplio, concebido a largo y mediano plazo, articulado con el proyecto de vida del alumno o alumna.

- Acreditar y certificar los aprendizajes que se adicionen o modifiquen respecto del currículo común como consecuencia de las correspondientes adecuaciones curriculares.

- Permitir desfasajes en cuanto a la edad cronológica, ritmos de aprendizaje y alcance de los contenidos, respecto de su grupo de pertenencia.

- Emplear los documentos de la educación común para la certificación de los aprendizajes, incluyendo los agregados que correspondan.

1.2.4 Procedimientos y requerimientos de apoyo más frecuentes en las adecuaciones curriculares.

Ya hemos tratado de los tipos de adecuaciones al currículo y de los aspectos que no deben dejar de tomarse en cuenta en todo el proceso de aprendizaje de los individuos con necesidades educativas especiales, en base a este conocimiento debe tratarse de garantizar la equidad de los aprendizajes a través de dichas adecuaciones y tomando en cuenta los citados aspectos; eso se logra a través de procedimientos que incluyen en su diseño los más frecuentes requerimientos que estas personas presentan.

Procedimientos en la organización del aula donde se imparten las clases.

Se requiere de una organización didáctica del espacio, de los agrupamientos de alumnos y del tiempo, de modo que el proceso no resulte incómodo para ningún estudiante con o sin necesidades educativas especiales y transcurra de la forma más natural posible resultando transparentes dichos procedimientos para las personas hacia las que están dirigidas.

Procedimientos en la elaboración de objetivos y selección de contenidos.

- Deben elaborarse de modo que estén centradas sus prioridades en áreas o grupos de contenidos.

- En ellos debe orientarse la potenciación de una determinada habilidad, capacidad o competencia, y de los aprendizajes que favorezcan el desarrollo individual de cada estudiante.

- Es importante que sean eliminados los contenidos que resultan menos relevantes para alcanzar los objetivos.

- Hacer énfasis en el hecho de evitar el desarrollo de aprendizajes orientados exclusivamente para la acreditación.

- Lograr la introducción de aprendizajes con carácter alternativo, que se constituyan en sustitutivos de los que están incluidos en función de la acreditación y/o contenidos específicos.

- Combinar la introducción de aprendizajes orientados a la acreditación y/o contenidos específicos, con carácter complementario, adicional, para cubrir una necesidad especial.

Procedimientos en los sistemas de evaluación.

En este aspecto debe realizarse una minuciosa selección de técnicas e instrumentos estrechamente vinculadas con la selección de aprendizajes y contenidos.

Procedimientos en los métodos didácticos y en la planificación de actividades.

Es importante introducir actividades complementarias y/o alternativas de refuerzo y apoyo; modificaciones en el nivel de abstracción y/o complejidad de la actividad, así como modificaciones en la selección y adecuación de los materiales a emplear.

Procedimientos de temporalización.

Este acápite comprende la duración de la enseñanza de un contenido o grupo de ellos y la ubicación del estudiante en un ciclo escolar donde no sea significativo el impacto de personas con más de 2 ó 3 años de diferencia cronológica.

Niveles de apoyo e intensidad

El *apoyo curricular* a las personas con necesidades educativas especiales consiste fundamentalmente en los recursos, alternativas y estrategias que se pondrán a su disposición para promover un mayor grado de integración de dichas personas a la sociedad, potenciando las capacidades del sujeto y compensando las dificultades que se identifican en el dominio de la interacción con el entorno social; estos pueden provenir de diferentes fuentes:

- *Los identificados como personales,* (donde se comprenden las habilidades y competencias específicas de la persona).

- *Los que proceden de otras personas,* (que pueden ser familiares, amigos, compañeros).

- *Los de carácter tecnológico,* (incluye ayudas técnicas a través de dispositivos electrónicos, software de alta accesibilidad, eliminación de barreras arquitectónicas, etc.).

- *Los relacionados con los servicios,* (atención médica, educación personalizada, desarrollo de habilidades y destreza, etc.).

Los requerimientos que con mayor frecuencia se observan pueden dividirse en tres grandes campos del desarrollo individual de la personalidad de estos alumnos y alumnas.

En el orden psicológico se requiere que:

a) las propuestas y actividades para construir sus aprendizajes se sustenten sobre sus potencialidades, o sea, en los aspectos en que su rendimiento sea de mayor eficiencia, identificadas a partir de una rigurosa evaluación.

b) se mantengan altas las expectativas acerca de los posibles logros.

c) se produzca el aprendizaje con experiencias ricas y variadas.

d) las propuestas curriculares sean lo más equivalentes posibles al diseño curricular común, en cuanto a la calidad de los aprendizajes; procurando dejar siempre abierta la posibilidad de avanzar más en los aprendizajes, sin fijar previamente un *"límite superior"* que pueda constituir una limitante *a priori*. No debe organizarse la actividad pedagógica a partir del coeficiente de inteligencia, sin una evaluación de las potencialidades del individuo.

e) se otorgue relativa flexibilidad en sus horarios y actividades con vistas a adecuarlas a sus ritmos de producción de conocimiento.

f) se comparta y se tenga una visión certera acerca de las metas parciales y finales, con planes y sistemas explícitos para lograrlas, con marcada referencia a la necesidad de planes educativos a largo y mediano plazo.

g) se reduzca la presión de los factores externos al aprendizaje mismo, como la promoción, la comparación con otros estudiantes, la emulación en condiciones de desigualdad de capacidades, etc.

h) se ponderen rigurosamente los contenidos que influyen en la evaluación, para poder medir los avances verdaderamente significativos.

En el orden social se requiere que:

a) los alumnos y alumnas con necesidades educativas especiales sientan efectivamente que son aceptados, y que verdaderamente son parte integrante del grupo de clase; que son respetados, que su opinión y su trabajo son tomados seriamente en consideración por el docente y el grupo.

b) exista una atmósfera de respeto y comprensión para todos en la clase y la institución, reconociendo y aceptando las diferencias individuales.

c) se planteen exigencias claras y explícitas tanto desde el punto de vista académico, como desde la interacción social con el resto del grupo y el personal de la institución.

d) se construya un clima institucional que propicie la colaboración entre los miembros del equipo, y principalmente con las familias de los estudiantes. El enfoque multidisciplinar es decisivo para el éxito en este trabajo.

e) los planes y programas favorezcan la inclusión efectiva no sólo en el ámbito educativo, sino además en otros como el recreativo, laboral, etc.

En el orden Intelectual se requiere que:

Los currículos sean adaptados a sus necesidades educativas especiales, considerando:

a) La identificación de los obstáculos cognitivos en correspondencia con las áreas y aspectos de los contenidos curriculares.

b) La adaptación de las expectativas de logros, definiendo el grado de las habilidades a lograr (representación, uso, función).

c) La introducción, si fuera necesario, de aprendizajes sustitutivos o complementarios.

d) La adaptación de las técnicas de enseñanza: de los tiempos, de los recursos a utilizar, de la complejidad de las propuestas, contemplando el enriquecimiento explícito de las estrategias para enseñar.

e) La flexibilización de los tiempos previstos para la enseñanza.

f) La oportunidad para el trabajo en equipo, compartiendo intereses y experiencias.

g) La posibilidad de desarrollar las motivaciones personales, vinculando habilidades y conocimientos con otras áreas del aprendizaje, y con sus experiencias de la vida cotidiana.

h) La planificación de diversas modalidades de evaluación, especialmente en lo referente a los requisitos para la promoción, permitiéndoles la continuidad en el grupo aun cuando no logren las acreditaciones necesarias.

Dentro de este aspecto, es importante puntualizar en el hecho de que la adaptación curricular para que cumpla con su propósito debe tener una o más de las siguientes características:

a) Ayudar al escolar a compensar los retos intelectuales, físico o de comportamiento.

b) Permitir al estudiante usar sus habilidades actuales mientras promueve la adquisición de otras nuevas.

c) Prevenir el desajuste entre las habilidades del estudiante y el contenido de la lección.

d) Reducir el nivel de información abstracta para hacer que el contenido sea relevante para la vida actual y futura del estudiante.

e) Crear armonía entre el estilo de aprender del estudiante y el estilo de enseñar del docente.

Concluimos este capítulo reiterando la importancia de definir adecuadamente *el qué, el cómo,* y *el cuándo* del aprendizaje para realizar las necesarias adaptaciones curriculares en los estudiantes con necesidades educativas especiales, pero es medular también preparar adecuadamente a *quién o quienes* asumirán la responsabilidad que implica la atención a la diversidad en el contexto universitario, lo que necesariamente está relacionado con conocer al alumno o alumna con NEE en términos de fortalezas, debilidades e intereses.

En síntesis puede afirmarse que el *diseño curricular básico* tiene que ser lo suficientemente abierto y flexible como para responder a las necesidades de la población escolar en sentido general y susceptible de ser adaptado para atender las necesidades educativas especiales en particular, tomando en cuenta sus niveles de competencia, estilos de aprendizaje y niveles de desarrollo.

4.1 De la Integración Escolar a la Educación Inclusiva.

Como se ha tratado en los capítulos anteriores, la educación de las personas que hoy consideramos con necesidades educativas especiales ha pasado por diferentes fases y concepciones a lo largo del tiempo.

En los inicios ya lejanos se enmarcaron en prácticas de exclusión social y segregación, pasando posteriormente al concepto clínico en que se clasificaban como personas enfermas y tenían que escolarizarse en centros específicos con terapeutas y profesorado experto en la problemática que presentaban y más próximo está el concepto de *integración educativa,* donde la persona deja de considerarse un enfermo y por el contrario se busca la interacción con el entorno: *los otros estudiantes.* Finalmente arribamos a la situación actual: *educación inclusiva.*

Desde esta perspectiva, desde 1994 en la *Declaración de Salamanca,* quedó definido que es el *entorno el que debe adaptarse* para brindar una respuesta educativa a la totalidad de los miembros de la sociedad.

Es en esta concepción centrada en el conocimiento de la persona desde la que afirmamos que siempre que nos referimos a *educación inclusiva* no significa que estamos tratando sobre un nuevo término para designar la integración de los alumnos y alumnas con necesidades educativas especiales. El concepto de *inclusión* es mucho más abarcador que el de integración, y lo hacemos poniendo el énfasis en la institución regular y en su función de brindar respuesta a todos los alumnos y alumnas, tengan o no necesidades especiales por lo que el concepto incluye la integración del alumnado con necesidades especiales.

En el caso de las universidades inclusivas, existen experiencias que han ayudado a construir el paradigma a seguir sin llegar a constituir recetas a aplicar, en el contexto europeo puede destacarse la *Universidad Jaume I*, que en el ya lejano 1997 fue la primera institución española en incluir dentro de sus estatutos una referencia explícita al *respeto a la diversidad*, aun sin haberse instituido dicha concepción en el conocimiento generalizado.

Esta institución promueve tres aspectos que consideramos medulares para adherirse a esta filosofía educativa y que no deben dejar de ser contemplados por las instituciones de la educación superior que pretendan practicar una educación inclusiva, estos aspectos son:

4.1.1 Políticas inclusivas.

Políticas Inclusivas se refiere a que la institución debe pronunciarse por facilitar al estudiantado con necesidades educativas especiales de carácter físico, psíquico y sensorial las condiciones de estudio y las adaptaciones curriculares adecuadas para su óptima formación académica.

En cuanto a los derechos de los alumnos y alumnas en su totalidad, debe promoverse la igualdad de oportunidades, la no discriminación y accesibilidad universal de las personas, con independencia de razones de sexo, raza, religión, necesidad especial o cualquier otra condición o circunstancia personal o social que pueda constituirse en una limitante para los aprendizajes, debe garantizarse el acceso a la institución, ingreso en sus centros de estudio, permanencia en la institución y ejercicio de sus derechos académicos.

También las normativas de evaluación del estudiantado, y los estándares para la realización de los exámenes, deben hacer referencia explícita a los alumnos y alumnas con Necesidades Educativas Específicas. Ambas deben contemplar uno o más capítulos dedicados íntegramente a las pruebas/exámenes para el estudiantado con necesidades educativas especiales.

4.1.2 Buenas prácticas Inclusivas.

La institución debe desarrollar Programas de Atención a la Diversidad centrados en la labor a desempeñar con las personas con Necesidades Educativas Especiales y todo el entorno educativo universitario (claustro, compañeros de estudios, entorno físico, entorno social, cultural y educativo), promoviendo buenas prácticas en el ámbito de la *atención a la diversidad*.

4.1.3 Cultura inclusiva

En este aspecto se trata de que la institución debe promover acciones de sensibilización en el ámbito de la atención a la diversidad desde la esfera cultural.

Estas acciones culturales de sensibilización se consiguen mediante proyectos, eventos docentes, sociales y científicos, actividades culturales, etc.; orientados hacia el logro de un doble objetivo, por una parte la propia sensibilización de los integrantes del espacio universitario con la necesidad de las personas con necesidades educativas especiales y por la otra, la colaboración con profesionales de otros niveles educativos (educación primaria y secundaria), así como con entidades o colectivos específicos del mundo de la diversidad. Porque en tanto que la universidad es un centro formativo de futuros profesionales, se considera importante aproximar el mundo de la diversidad a los estudiantes universitarios, profesorado y personal de apoyo en general de las instituciones inmersas en implementar la *educación inclusiva* al interior de sus muros.

El conocimiento de la diferencia/diversidad puede constituir un valor transversal añadido en la formación del alumnado universitario, además de un valor social que ayude a formar profesionales más solidarios.

4.2 EDUCACIÓN INCLUSIVA: Recursos de Intervención psicosocial en las personas con Necesidades Educativas Especiales.

Actualmente la mayoría de los sistema educativos del mundo abogan por elevar la calidad de la Educación y que esta suponga como objetivo la formación integral y competente de las nuevas generaciones, que los educadores y la sociedad ofrezcan la instrucción necesaria y desarrollen actitudes, hábitos, habilidades, valores y sentimientos, para que puedan desarrollarse en la vida social, y aporten lo mejor como personas y como trabajadores, esto no difiere de lo que se persigue con la educación de las personas con Necesidades Educativas Especiales.

Esta elevada aspiración puede lograrse mediante procesos con diferentes etapas y estrategias que es necesario ir venciendo y controlando paulatinamente, conducidas hacia una *Educación Inclusiva*, donde el pedagogo debe tener en cuenta: la organización escolar y laboral valorando la importancia de concebir, comprender y aplicar en la práctica y desde la práctica una educación que permita la integración social de todas las personas, independientemente de sus características físicas, mentales, emocionales y sociales.

Queda planteada entonces la necesidad de contar con apoyos y conocimientos para llevar a buen término la implementación de procesos orientados a la *Educación inclusiva*.

Entre los fines y objetivos que teóricamente la legislación de cualquier estado debe proponerse para la población en general, y no sólo por su condición de ciudadanos, sino por su condición humana, deben orientarse hacia el pleno desarrollo de la personalidad, dentro de un proceso de formación integral; la formación en el respeto a la vida y a los demás derechos humanos, a los principios democráticos, de convivencia, pluralismo, justicia, solidaridad y equidad, así como en el ejercicio de la tolerancia y de la libertad; la formación para facilitar la participación en las decisiones que los afectan; el acceso al conocimiento, la ciencia, la técnica y demás bienes y valores de la cultura; y la formación en la práctica del trabajo. De un modo complementario, es muy importante destacar dos elementos que no deben dejar de estar presentes en la educación de la población con necesidades educativas especiales: la formación para la autonomía y para la participación social.

4.2.1 EDUCACIÓN INCLUSIVA: La organización escolar y las adecuaciones curriculares.

Es fundamental la comprensión por parte de todos los involucrados de la importancia de contribuir desde la posición de cada cual a una educación inclusiva, sin esta condición no se podrá lograr ese objetivo que tiene hoy la educación en sentido general.

Las instituciones educativas tienen un papel protagónico en la evolución social del ser humano; esto lleva a plantear y replantearse permanentemente su proyección en el desempeño cotidiano, para que responda a las necesidades del momento social, político y cultural que le corresponde vivir, diseñar nuevos enfoques, programas, proyectos y estrategias que brinden alternativas de respuesta a las demandas y necesidades de las personas; y los establecimientos educativos deben contar con los apoyos requeridos ya sea en planta de personal docente, materiales didácticos y otros recursos que garanticen el brindarles una educación pertinente.

Aunque están presentes cuestiones que se han tratado en apartados anteriores, no sería superfluo retomar y precisar algunos aspectos a través del cuadro que se ofrece a continuación, que contienen los diferentes puntos de vista que se deben tener en cuenta cuando se abordan elementos acerca de la atención a las personas con Necesidades Educativas Especiales:

Necesidades Educativas

Educación y Persona	Cuando se educa hay que tener en cuenta en primer lugar a la persona en su totalidad
Educación Especial	Conjunto de prestaciones, servicios, recursos, técnicas, estrategias educativas destinados a asegurar un proceso formativo integral, flexible, dinámico, a personas con NEE que pueden ser permanente o temporales brindado por diferentes factores: Escuela-Familia-Comunidad

Necesidades Educativas Especiales	Todos tenemos NE que son resueltas por los maestros, las familias, las instituciones de la comunidad, el resto de los compañeros del aula, etc. Hay necesidades educativas que necesitan apoyo, adaptaciones, servicios, métodos, y otros recursos específicos para poder lograr los objetivos educativos esas son las NEE
Integración Escolar	La posibilidad de integrarse en el ámbito escolar que puede estar dado por la presencia física en aulas especiales dentro de la escuela de enseñanza general, presencia física en aulas junto a niños que no presentan NEE.
Integración social	El derecho de todas las personas a participar en todos los ámbitos de la Sociedad. Basada en los principios de justicia e igualdad
Atención a la Diversidad	Se refiere a que cada cual reciba lo que deba recibir. Hay que proporcionar una educación común a todos y que todos tengan la posibilidad, la oportunidad de recibirla, independientemente de sus características y condiciones.

Educación Inclusiva	Es un concepto mas amplio que el de integración. Implica que todos aprendan juntos independientemente de sus condiciones personales, sociales o culturales, incluidos aquellos que presentan NEE. Implica flexibilidad, modificación de estructuras, funcionamiento, propuestas pedagógicas para poder dar respuesta a la necesidad educativa de todos y cada uno de las niñas y niños, de forma que se logre por todos el éxito en el aprendizaje y participen en igualdad de condiciones. En la escuela inclusiva todos los alumnos se benefician de una enseñanza adaptada a sus necesidades y no sólo los que presentan NEE.

Es evidente que se han producido cambios, no solo semánticos, que han avanzado hasta llegar a un trabajo de reconceptualización que a la vez ha sido asumido por gran parte de los profesionales de la educación, pero el desarrollo de una educación inclusiva implica cambios del sistema y de las políticas educativas, en el funcionamiento de las instituciones escolares, en las actitudes y prácticas de los profesionales de la educación y en los niveles de relación de los distintos factores que intervienen.

En muchos países se hace necesario fortalecer la responsabilidad del estado para garantizar la igualdad de oportunidades y asegurar las condiciones básicas de funcionamiento de los centros escolares: recursos humanos, materiales didácticos. Este es el primer paso, mientras no haya igualdad de oportunidades no podrá lograrse:

• Priorizar la educación desde edades tempranas

• Flexibilidad en el currículo

- Recursos de apoyo al docente

- Mayor profundidad en la preparación metodológica y de Pedagogía a los docentes propiciando ampliar la formación de los mismos.

- Participación más activa de padres y comunidad en la educación.

Prácticas inclusivas en el aula:

Los contenidos y actividades de aprendizaje, deben ser accesibles para la totalidad de alumnos y alumnas promoviendo la comprensión, la aceptación y la valoración de las diferencias, así como la participación activa y responsable de los alumnos y alumnas en su aprendizaje, deben favorecer el aprendizaje cooperativo.

La evaluación debe estimular los logros de la totalidad de los estudiantes. La disciplina en el aula debe basarse en el respeto mutuo. La planificación, desarrollo y revisión de la enseñanza debe realizarse de modo colaborativo.

4.3.2 EDUCACIÓN INCLUSIVA: Los recursos de apoyo y sus características.

El personal del servicio de apoyo participa en la construcción de la planeación de las instituciones llámese planeación estratégica o proyecto de educación inclusiva; incide en sus procesos de diagnóstico, de mejora y en sus problemáticas específicas relacionadas con la identificación y eliminación de las barreras que obstaculizan la participación y el aprendizaje de los alumnos y alumnas que presentan necesidades educativas especiales.

Además, el servicio de apoyo, a partir de la información que obtiene en la institución que apoya, elabora su propia planeación, considerando las características y necesidades de la universidad, y determinando las acciones necesarias para asegurar que esta brinde la atención educativa que requieren los alumnos y alumnas que presentan necesidades educativas especiales, así como asegurar los apoyos específicos que el servicio proporcionará.

La planeación del servicio de apoyo es el eje rector para el trabajo que desarrolla en las universidades en atención a los alumnos y alumnas que presentan necesidades educativas especiales; dicha planeación es el resultado de un proceso de construcción colectiva entre todo el personal del servicio, por lo tanto, no debe concebirse como la planeación del director del servicio de apoyo. En este sentido, es un proceso en construcción y evaluación permanente durante el ciclo escolar, y es flexible en función de las necesidades que surjan en dichas instituciones.

De manera transversal, refiriéndonos al funcionamiento, la intervención del servicio de apoyo se dirige a tres ámbitos:

Intervenciones de apoyo

Intervenciones	• Evaluación e informe psicopedagógico. • Participación en la planeación de la institución. • Detección inicial exploratoria. • Detección permanente. • Elaboración, desarrollo, seguimiento y evaluación de la propuesta curricular adaptada	**Apoyo a:** **La Institución** **La Familia** **Los Alumnos**

Para ofrecer un servicio de calidad, el personal del servicio de apoyo establece vinculación interna con otros servicios de la educación especial y de manera externa con otras instituciones.

El recurso humano de apoyo a la integración académica y social de los alumnos y alumnas con necesidades educativas especiales en el ámbito universitario debería tener preferentemente alguna formación básica en áreas como: Educación Especial, Psicología,

Fonoaudiología, Terapia Ocupacional, Trabajo Social y/o tener conocimientos sobre la lengua de señas.

Todos deberían contar con capacitación certificada en el tema o una experiencia mínima en el ejercicio de sus funciones.

Al recurso humano de apoyo, debería asignársele mediante un acto administrativo, entre otras, las siguientes funciones:

- Participar en el desarrollo de las actividades relacionadas con el registro, caracterización y evaluación psicopedagógica de los alumnos y alumnas candidatos a matricular en la institución.

- Promover la integración académica y social de los estudiantes con necesidades educativas especiales en la institución universitaria.

- Coordinar y ayudar a materializar la prestación del servicio con otros sectores, entidades, instituciones o programas especializados con el fin de garantizar los apoyos y recursos técnicos, pedagógicos, terapéuticos, administrativos y financieros necesarios.

- Asesorar a la comunidad educativa en la construcción, desarrollo y evaluación de los Planes de Educación Inclusiva.

- Proponer y desarrollar proyectos de investigación en las líneas de calidad e innovación educativa y divulgar sus resultados y avances.

- Coordinar y concertar con los docentes de la carrera donde está matriculado el estudiante, los apoyos pedagógicos que éste requiera, los proyectos personalizados y las adecuaciones curriculares pertinentes.

- Asesorar y establecer canales de comunicación permanente con los docentes de las diferentes carreras, disciplinas y años donde están matriculados los estudiantes con necesidades educativas especiales.

- Preparar, coordinar, prestar y evaluar el servicio de interpretación o de enseñanza de lengua de señas.

- Preparar, coordinar, prestar y evaluar el servicio de interpretación o de enseñanza del Sistema Braille.

- Participar en las comisiones o comités de formación, evaluación y promoción.

- Participar en el inventario de barreras arquitectónicas y en la gestión para su eliminación.

- Participar en los procesos de superación de todos los obstáculos institucionales o sociales que ponen en situación de vulnerabilidad a los alumnos y alumnas con necesidades educativas especiales o a cualquier otro estudiante susceptible de ser puesto en desventaja.

El trabajo del recurso humano de apoyo en el sector educativo en general y del universitario en particular debe ir más allá de transformar mediaciones pedagógicas o procedimientos administrativos, debe incidir en la conciencia y sensibilidad de la comunidad donde está enclavada la institución, para lograr que la atención a la diversidad sea un compromiso institucional.

4.3.3 EDUCACIÓN INCLUSIVA: Características generales.

La *educación inclusiva* implica procesos para aumentar la participación de alumnos y alumnas, así como la reducción de su exclusión en la cultura, en los currículos y en la comunidad donde está enclavada la institución; por lo que implica reestructurar la cultura, las políticas de los centros educativos para que puedan atender a la diversidad del alumnado en su radio de acción, puesto que la inclusión se refiere al esfuerzo mutuo de las relaciones entre las instituciones escolares y sus comunidades.

La inclusión se relaciona directamente con el proceso de enseñanza aprendizaje y la participación de todos los estudiantes vulnerables a ser sujetos de exclusión, y no sólo de aquellos con Necesidades

Educativas Especiales. La *educación inclusiva* es un aspecto particular de la *sociedad inclusiva* en general.

Para avanzar hacia el desarrollo de una educación inclusiva es necesario que las instituciones generen progresivamente un conjunto de condiciones que favorezcan la respuesta a la diversidad. La experiencia muestra que las instituciones que han conseguido buenos resultados con todos sus alumnos y alumnas se caracterizan por:

1. Practicar una política de apertura y mantener una relación de colaboración con otros sectores de la comunidad.

2. Promover actitudes de aceptación y valoración de la diversidad por parte de la comunidad educativa.

3. Ejercer un liderazgo y comprometer al equipo directivo de la institución para favorecer el aprendizaje y la participación de la totalidad de alumnos y alumnas.

4. Establecer un proyecto educativo institucional que contemple la atención a la diversidad.

5. Desempeñar un trabajo conjunto y coordinado del equipo docente que permita unificar criterios, colaborar en torno a objetivos comunes y adoptar un marco conceptual compartido.

6. Proveer de un nivel adecuado de formación a los profesionales de la educación en materia de necesidades educativas especiales y estrategias de respuesta a la diversidad.

7. Practicar estilos de enseñanza abiertos, flexibles, basados en metodologías activas y variadas que permitan personalizar los contenidos de aprendizaje y promuevan una mayor interacción y participación de la totalidad de alumnos y alumnas.

8. Desarrollar currículos amplios, equilibrados y diversificados, susceptibles de ser adaptados a las necesidades individuales y socioculturales del alumnado.

9. Mantener criterios y procedimientos flexibles de evaluación y promoción.

10. Desarrollar una cultura de apoyo y colaboración entre padres, docentes y estudiantes.

11. Suministrar la disponibilidad de los servicios continuos de apoyo y asesoramiento orientados a los docentes, estudiantes y los padres.

12. Promover una participación activa y comprometida de los padres de familia.

13. Mantener relaciones de colaboración e intercambio con otras instituciones de la comunidad y con escuelas especiales.

14. Impulsar proyectos que promuevan principios de respeto a la diversidad y que la valoren como una posibilidad de aprendizaje social, velando al mismo tiempo por el cumplimiento de los principios de igualdad, no discriminación y buen trato.

La preocupación por superar las barreras para el acceso y la participación de los estudiantes en particular puede servir para revelar las limitaciones más generales de la institución a la hora de atender a la diversidad del alumnado.

La diversidad no debe percibirse como un problema a resolver, sino como una oportunidad para apoyar el aprendizaje de todos.

5.1 Educación Inclusiva Universitaria: Mitos y realidades.

Centrar nuestra voluntad sobre la base de brindar una respuesta educativa a la diversidad del alumnado perteneciente al escenario de la educación superior, nos impone dirigir una mirada retrospectiva hacia aquellas acciones, correctas o no, realizadas por muchas instituciones en las diferentes regiones del mundo, ya sea producto de reuniones, convenciones, foros y conferencias que han concluido en algunas políticas, marcos regulatorios de acciones legales, declaraciones de principios y derechos, en función de aquellos sectores desprotegidos y más vulnerables, como las sustentadas en la iniciativa local sin tomar en cuenta las experiencias externas, estas últimas es donde más enraizados están algunos mitos que limitan el desarrollo de la educación inclusiva.

Un significativo porcentaje de la población mundial requiere ser atendido por alguna necesidad especial, cabría preguntarse entonces *¿cuántos de ellos han realizado estudios superiores desde este minuto hacia atrás?*, la respuesta menos desacertada sería: *muy pocos*.

El discurso se refiere a igualdad de oportunidades, o sea, al proceso mediante el cual los diversos sistemas de la sociedad, los servicios, los recursos materiales, las actividades, la documentación y la información, se brindan de igual manera y de modo efectivo, accesible a todas las personas.

Pero, *¿Cuántas instituciones y establecimientos de la Educación Superior están preparados realmente para asumir un eventual crecimiento de la demanda de estos recursos?*

En este acápite analizaremos una doble perspectiva, la que parte de la objetividad (realidades) y la que está permeada de un componente subjetivo y de la espontaneidad (mitos).

5.1.1 Realidades ante nuestros ojos

Compartiendo los criterios expuestos por Cañedo G. (2012) en la conferencia "La calidad de las Instituciones de Educación Superior y su Responsabilidad Social", en el I Congreso de Calidad de la Educación de la REACES celebrado en Quito Ecuador: La cruda realidad es que el nivel universitario ha sido por "excelencia" el más excluyente de todos, en lo que concierne a la integración de alumnos y alumnas con algún tipo de necesidad educativa especial. Este escenario contrasta con las acciones relativas a prácticas integradoras que se desarrollan en los niveles no universitarios. Así, si lo consideramos desde una perspectiva práctica existe una brecha enorme entre las diferentes etapas de los sistemas educativos en cuanto al proceso de atención a la diversidad.

No obstante, la Universidad es la institución idónea para desempeñar un rol decisivo en función de garantizar el *principio de igualdad de oportunidades*, teniendo en cuenta que las diferencias que impiden a determinados colectivos hacer uso de los recursos disponibles para la totalidad de los estudiantes sean compensadas con medidas que les faciliten su acceso con la participación de todos.

Quizá por esto en la actualidad del siglo XXI son cada vez más los estudiantes con necesidades especiales los que acceden a las universidades, por lo tanto, deben ponerse todos los recursos materiales y humanos que se considere necesarios para derribar las barreras con las que estos alumnos y alumnas puedan tropezar; y garantizar el principio de *igualdad de oportunidades*, inherente a nuestros tantas veces proclamados derechos sociales.

El espíritu integrador y normalizador que debe poseer todo sistema educativo también debe hacerse efectivo en las universidades.

En investigaciones realizadas sobre condiciones de vida y necesidades de los estudiantes objeto de estudio señalan como principales problemas encontrados en la universidad los factores relacionados con la aptitud física; relativos a la carencia en el campus de una infraestructura adecuada para su necesidad, referentes a la organización educativa y en el caso de los alumnos y alumnas con ceguera o deficientes visuales presentan los niveles de autonomía más bajos en el momento de enfrentarse con documentación impresa, con la asignación complementaria del tiempo para la elaboración de materiales para el posterior estudio individual o la ausencia de una normativa para la aplicación de los exámenes, estas son algunas de las cuestiones más significativas.

Las barreras más frecuentes con que se enfrentan en el entorno universitario siguen siendo las tradicionales; barreras arquitectónicas, organización escolar, de infraestructura y material académico.

Las consecuencias en el aspecto relativo a la convivencia se reflejan en: transporte, comunicación, hábitat y necesidades básicas; el impacto se hace evidente en los procesos de aprendizaje y en sus resultados, estas consecuencias se pueden agrupar en: Circunstancias que alteran la recepción de los contenidos (comprensión de las explicaciones, toma de notas, acceso a la bibliografía o a la documentación impresa de cualquier tipo), elaboración de los materiales (aplicaciones prácticas, consultas, tutorías, realización de trabajos extraclase, síntesis de las fuentes y memorización de contenidos) y la emisión de una respuesta o medida del rendimiento académico (examen con todo su espectro de modalidades, presentación de investigaciones e informes de prácticas).

Se señala que las dificultades y necesidades también comprenden los traslados del domicilio al centro, accesibilidad al centro, ayuda de terceras personas para otras necesidades; ir al baño, alimentarse y dificultades subjetivas como el temor a defraudar a los demás, el temor a proponer soluciones que se consideren incompatibles por ser demasiado atrevidas o innovadoras, soportar la incertidumbre acerca de las medidas que adoptarán los profesores y ser un problema y no un alumno o alumna.

Entre el apoyo técnico que estos estudiantes demandan con mayor importancia pueden citarse; la presencia de intérpretes de lengua de señas, la existencia de emisoras locales internas, la disposición de notas elaboradas o esquemas de los temas que se imparten en las aulas, la edición de literatura académica en Braille y la disponibilidad de profesores de apoyo.

Las universidades europeas han trabajado desde las últimas décadas del siglo anterior en la implementación de servicios de apoyo para atender a estudiantes que acceden a ellas y que presentan algún tipo de necesidad especial.

Entre los objetivos generales que se plantean estas instituciones en los servicios que brindan pueden citarse: asesoramiento psicopedagógico y académico a los alumnos y alumnas así como a los profesores en aquellas cuestiones relacionadas con la diversidad y su relación con los estudios universitarios.

De las consultas realizadas en la red sobre las diversas Universidades puede tenerse una visión de las diferentes propuestas de orientación que han ido emergiendo en el contexto europeo y que han resultado con una aceptable efectividad en las funciones a ellas asignadas, por la ayuda que han logrado brindar a la comunidad universitaria en general y a los alumnos y alumnas con necesidades educativas especiales en particular.

Universidades pioneras en la educación especial

	UNIVERSIDAD	PAÍS	SERVICIO	AÑO EN QUE SE INICIÓ
1	de Mons	Bélgica	Especialización en déficit auditivo	1965
2	Católica de Lovaina	Bélgica	Servicio general	1973
3	de Bristol	Reino Unido	Especialización en déficit auditivo	1978
4	de Dublín	Irlanda	Servicio general	1989

5	Tecnológica de Viena	Austria	Servicio general	1991
6	"Johnannes Kepler" de Linz	Austria	Especialización en déficit auditivo	1991
7	de Lyon	Francia	Especialización en déficit visual Formación en Informática para Deficientes visuales	1991
8	de Grenoble	Francia	Especialización en déficit motórico	1991
9	Paris XI	Francia	Servicio general	1991
10	Campus Jussie		Servicio general	1993
11	de Leeds	Reino Unido	Servicio general	1992
12	de Comenius	Eslovaquia	Especialización en déficit visual	1992
13	de Estocolmo	Suecia	Servicio general	1993
14	de Atenas	Grecia	Servicio general	1993
15	Handicap & Study	Holanda	Especialización en déficit físico	1993
16	de Karlsruche	Alemania	Especialización en déficit visual	1993
17	de Copenhague	Dinamarca	Servicio general	1994
18	de Glasgow	Reino Unido	Especialización en déficit visual	1994
19	de Linkopinig	Suecia	Servicio general	No definido
20	de Nottingham	Reino Unido	Especialización en déficit visual	No definido

21	Central de Lancashire	Reino Unido	Servicio general	No definido
22	de Westminster	Reino Unido	Servicio general	No definido
23	North East Wales Institute of Higher Education	Reino Unido	Especialización en déficit físico	No definido
24	Universitat Jaume I Castelló	España	Servei d' Orientació Académica y Profesional	1991/1992
25	Universitat de Valéncia	España	Asesoria Universitaria de atención al estudiante con discapacidad	1995/1996

Con relación a la orientación vocacional, merece destacarse el ejemplo del Plan de Actuación de la Universidad Jaume I con los Estudiantes con Necesidades Educativas Especiales y el Centro Universitario de Asesoramiento al Estudiante con Discapacidad de la Universidad de Valencia.

Aunque se valoren de positivas las iniciativas que emergen en las diversas universidades europeas es necesario insistir en que la importancia radica en que no debieran ser iniciativas aisladas sino que estén integradas y formen parte de un plan general de atención a la diversidad de estudiantes universitarios.

Se pudo conocer que en el caso de la América Latina y el Caribe urge un plan de acción para favorecer la instauración de los servicios de orientación psicopedagógica en aquéllas universidades en las que no exista y potenciar su desarrollo y avance en aquéllas otras en las que ya esté funcionando, porque su labor con todo el alumnado universitario que lo necesite, incluido aquél que posea algún tipo de necesidad especial, puede ser de un valor incalculable en tiempos de integración latinoamericana.

De cualquier modo algunas voces han fortalecido su tono y se dejan escuchar desde Argentina, Cuba, México, Chile, Colombia, Brasil, etc y en el marco integracionista de la Alianza Bolivariana para los pueblos de nuestra América (ALBA), más que una alineación con lo que ocurre a nivel mundial en este aspecto, constituye una necesidad emprender acciones sólidas que delineen la voluntad política para que los sistemas educativos de la región sean cada vez más inclusivos en todos los niveles educativos y fundamentalmente en el que se corresponde con la formación de profesionales, o sea, el contexto universitario.

5.1.2 Concepciones desviadas, mitos y falsos positivos.

Intentaremos poner en la voz de directivos, profesores, y estudiantes aquellos aspectos que no son totalmente precisos a la hora de abordar la educación inclusiva universitaria, lo siguiente constituye un ejercicio de simulación con expresa ambivalencia conceptual lo cual puede constituir una barrera para la implementación eficaz de la atención a la diversidad, no obstante, las afirmaciones aquí expuestas han sido extraídas de diferentes investigaciones en el área latinoamericana.

Inclusión Educativa, una representación fragmentada.

La mayoría de los directivos tienen un concepto de educación inclusiva incipiente y restringido a aspectos relacionados principalmente a una institución que recibe y atiende a alumnos y alumnas con dificultades de aprendizaje, discapacidad o bien que provienen de ambientes de alta vulnerabilidad.

Los directivos dicen...

"Cuando atendemos la diversidad estamos atendiendo, como dice la palabra diversa, diversos tipos de estudiante, o sea, la diversidad es encausada hacia los que necesitan más, a los que tienen menos digamos, no solamente en la parte monetaria, sino que también algunos estudiantes que tienen poca afectividad en su casa y están carentes de cariño..."

"Yo creo que nosotros atendemos a la diversidad cuando los casos son más marcados, cuando estamos hablando de la diversidad de los aprendizajes atendemos a los casos más notorios..."

"Diversidad son alumnos con distintas necesidades educativas especiales, problemas físicos, étnicos, culturales y socioeconómicos. Y la inclusión la veo como calidad y equidad, realizando adaptaciones curriculares, búsqueda de soluciones a esas necesidades..."

*"Este año reformulamos el **Plan de Educación Inclusiva**, bueno, porque lo único que tenemos es el proyecto de integración que atiende a la diversidad, nosotros atendemos alumnos minusválidos, cierto, tenemos cuatro alumnos que tienen problemas..."*

"La atención a la diversidad consiste en entregar educación a todos los alumnos con calidad y equidad. Se les plantean valores para ser capaces de desenvolverse en sus realidades..."

"En nuestra misión está, la tenemos ahí en un pendón y una de las cuestiones que ahí dice es atender a la diversidad social, cultural, intelectual, está dentro de nuestra misión..."

"A todos estos alumnos con dificultades de aprendizaje, por ejemplo con bajo rendimiento, se les dan oportunidades especiales, no se les regala la nota, pero si hay un alumno que ha demostrado tener dificultades y que tiene problemas, se le da una segunda y tercera oportunidad, entonces se les va reforzando el conocimiento..."

"Hay una evaluación diferenciada que también tiene que estarse aplicando por la profesora de diferencial. Yo no estoy al tanto de cómo la están aplicando..."

"Se intenta trabajar en equipo... si, pero igual hay excepciones... a ver por ejemplo, nos encargamos de lo pedagógico y además se entregan metodologías y estrategias a los profesores..."

Inclusión educativa enfocada desde carencias y deficiencias de los alumnos y las alumnas

Las opiniones que emergen con mayor fuerza visualizan a la universidad inclusiva como el espacio educativo que recibe en sus aulas a diferentes alumnos y alumnas con determinada carencia en su proceso de aprendizaje ya sea relacionada con discapacidades o con problemas de aprendizaje, y se mantienen invisibles a la necesidad de otros tipos de apoyo destinados a la diversidad cultural o de género entre otras.

Los profesores dicen…

"Para mi la universidad inclusiva es la institución que está preparada para recibir a todo aquel estudiante que tenga algún problema…"

"Yo quisiera acotar un poco, que de diversidad tenemos un poco en distintos aspectos de nuestra universidad. Diversidad en cuanto a origen, condición social, capacidad de aprendizaje, etc. La institución atiende y tiene como objetivo atender a todo ese tipo de necesidades sin discriminación…"

"Yo creo que es una universidad que integra todo tipo de personas, con todo tipo de discapacidad, que es lo que nosotros tenemos en este momento, ya sea con problemas pedagógicos o con patologías físicas y ahora no tenemos ningún caso pero hemos tenido, el año pasado teníamos con problemas físicos, discapacitados, no se hace distinción digamos de alumnos, de ningún tipo…"

"Este es un concepto bastante moderno, donde las universidades abren la posibilidad de estudiar y de incorporarse a sus cursos a todas las personas sin discriminarlas, pienso yo, por su raza, lenguaje, cultura y también pienso yo, incluyendo sus capacidades intelectuales, aunque siempre nosotros hemos planteado que tienen que pasar por algún tipo de examen para saber si tienen las competencias intelectuales para poder ingresar…"

"Hacemos pruebas diferenciadas en comparación con el resto del grupo…"

Percepción desde una actitud compasiva

Los alumnos y alumnas revelan en sus discursos una perspectiva de su universidad como un espacio de aprendizaje que no discrimina a las personas portadoras de alguna discapacidad porque no les exigen con el mismo rigor que a los demás.

Los estudiantes dicen...

"No, no se discrimina, porque fíjese que hay unos discapacitados allí reunidos y el resto los respeta..."

"Nuestra universidad es amplia, es grande, en otras los discapacitados no podrían estar en distintas partes, porque se sentirían apretados y aquí no..."
"Si, es inclusiva porque en otras instituciones son crueles con los alumnos que son distintos a nosotros..."

En síntesis deberíamos valorar que...

El principal problema para desarrollar la atención a la diversidad no es tanto los instrumentos didácticos necesarios, como las convicciones sociales, culturales y pedagógicas de los directivos, el profesorado y el alumnado; por ello resulta determinante *transformar el contexto*, a través del desarrollo e implementación de una propuesta de sensibilización que propicie procesos reflexivos, lo cual supone una intencionalidad de cambio que responda a minimizar las diferencias en la institución y potencie el aprovechamiento de las capacidades en los distintos componentes del escenario educativo y el aporte de esta en la construcción de una sociedad cada vez más justa, democrática e inclusiva.

5.2 Educación Inclusiva Universitaria: Acciones efectivas en casos de éxito.

Desde el propio inicio de cada curso escolar en la institución universitaria que aspira a considerarse inclusiva, deben realizarse contactos individuales y personalizados con cada estudiante, por una parte con la finalidad de valorar las necesidades de cada uno y brindarle el seguimiento académico que estos requieren, por otra parte el propósito sería comprometer a cada uno de los alumnos y alumnas con la pretensión de dicha institución en construir un entorno inclusivo del cual cada estudiante formará parte, tenga o no una necesidad especial; ese es el momento en que se fijan las adaptaciones y las pautas de trabajo con cada estudiante y se dan a conocer los servicios que se les ofrecen, algunos de los cuales podrían ser:

- Asesoramiento psicopedagógico.

- Seguimiento académico y coordinación con la planta docente.

- De accesibilidad

- Personales y asistenciales

En la consulta realizada en los documentos: de la Conferencia Internacional de educación celebrada en Ginebra en el año 2008, y del Congreso Iberoamericano de Educación Metas 2021 celebrado en el año 2010 en Buenos Aires Argentina, se pudo resumir que los proyectos educativos de nivel universitario, vinculados a la educación inclusiva presentan un diseño a la medida de la propia institución que los pone en práctica; por eso los ejemplos que veremos a continuación lo mismo podrían corresponderse con la Universidad Provincial del Sudoeste de Buenos Aires (UPSO), Argentina; con la Universitat Jaume I, España; Universidad de Valencia, España o cualquier institución universitaria adherida a estos conceptos.

Proyecto PEUZO, creado en el año 1997, fue puesto en marcha inicialmente por la Universidad Nacional del Sur como un programa de extensión académica en asociación con un conjunto de cuatro municipios y uno de los dos Consorcios Intermunicipales que cubrían la región, el Corredor Productivo del Sudoeste Bonaerense.

Consistió en el dictado de asignaturas de primer y segundo año de algunas de las carreras de la UNS, carreras que el alumno debía completar en Bahía Blanca, el diseño final incluyó la creación y el dictado en forma presencial de carreras con perfil emprendedor en áreas de interés local que podían comenzarse y completarse en cada localidad. Este diseño atrajo la atención de otros siete municipios, los cuales fueron sumados al proyecto.

Este programa tan ambicioso tuvo un costo elevado, el cual fue financiado en principio por la Dirección General de Cultura y Educación, a través de la puesta en marcha de la Universidad Provincial del Sudoeste (UPSO) en 2000, entidad que tuvo a su cargo tanto la administración como la coordinación del Programa que desde su concepción priorizó la atención a las poblaciones más vulnerables.

En la actualidad, el Programa de Becas Universitarias de la UPSO tiene como principal objetivo promover la igualdad de oportunidades en el ámbito de la educación superior.

Sus objetivos secundarios han sido favorecer el acceso y/o permanencia en el ámbito de la educación superior a estudiantes con particulares condiciones de vulnerabilidad y contribuir al desarrollo regional, promoviendo la formación de recursos humanos en carreras que resultan prioritarias para el crecimiento económico del mismo.

Día Internacional de Atención a la Diversidad, consiste en la designación de un día para desarrollar jornadas, talleres, conferencias y actividades diversas enmarcadas de modo exclusivo en el tema de la inclusión; muchas instituciones universitarias han acogido esta iniciativa como un aspecto del proceso de sensibilización con la educación inclusiva.

Estas jornadas se organizan con un programa oficial cronometrando las actividades a desarrollar y extendiendo invitaciones de participación a personalidades de la política, la intelectualidad y las ciencias con el objetivo de sumarlos a los esfuerzos por generalizar dicha filosofía.

Proyecto INCLOU, Consiste en un conjunto de acciones realizadas por la institución para convertir la educación inclusiva en un aspecto cotidiano de la vida escolar dentro del Campus; incluye Cursos acreditados de Arte Dramático para personas con Necesidades

Educativas Especiales, propuestas de animación terapéuticas, pedagógicas y artísticas, Cursos de introducción a la lengua de señas y a la interpretación de textos en Braille como créditos opcionales para todos los estudiantes incluyendo los que no presentan necesidades especiales.

Censos de estudiantes con necesidades educativas especiales, se realiza con carácter sistemático (anual, semestral o trimestral) con la finalidad de conocer al estudiantado con necesidades educativas especiales que hay en la localidad, señalando, en cada caso, el tipo de ayuda y de apoyo que necesiten para establecer un seguimiento que los habilite para su eventual matrícula en la universidad.

Apoyo directo a estudiantes con necesidades educativas especiales, orientado a brindar solución al principal problema del estudiantado con necesidades educativas específicas, que es la falta de autonomía, es decir, la necesidad de acompañamiento o apoyo a la hora de llevar a cabo asuntos administrativos, exámenes y desplazamientos, entre clases fundamentalmente.

Asesoramiento individual al estudiantado con Necesidades Educativas Especiales, Comprende el asesoramiento relacionado directamente con la planificación de los estudios, el desarrollo de materiales y recursos adaptados y la canalización de las demandas del estudiantado.

Apoyo desde la universidad a los estudiantes con necesidades educativas especiales antes de incorporarse a la vida universitaria, consiste en brindar un seguimiento con los centros de secundaria del estudiantado con necesidades educativas especiales en la localidad donde está enclavada la institución y proveer apoyo en los momentos clave, como pueden ser las pruebas de acceso a la universidad, la preinscripción y la matrícula. Igualmente, apoyo y asesoramiento al estudiantado con NEE que quiera acceder a la institución para las pruebas de ingreso o mediante otras vías como pueden ser los programas de intercambio.

Acciones y coordinación con otros servicios para eliminar las barreras arquitectónicas; la eliminación de barreras de acceso y de obstáculos que impiden el tránsito de personas invidentes o con limitaciones motrices es un proceso muy complejo que necesita la participación de otros servicios de la institución universitaria.

Mejora y ampliación del Espacio Adaptado, es de destacar la importancia que implica la existencia del Espacio Adaptado, donde el estudiantado con necesidades especiales puede disfrutar de los medios técnicos y puede hacer un uso adecuado y completo de ellos.

Préstamo de ayudas técnicas, consistente en el estudio de necesidades técnicas para facilitar las tareas educativas. Adquisición de las ayudas y adaptación de éstas. Para llevar a cabo esta acción es imprescindible la colaboración de los diferentes servicios de la institución universitaria y la coordinación con las instituciones externas que sea desarrollan en este campo.

Empleo de las tecnologías de la información y las comunicaciones (TIC) como apoyo al estudiantado con necesidades educativas especiales, se trata de la planificación y realización de diferentes actividades relacionadas con las TIC, como la celebración de jornadas sobre necesidades educativas especiales y las tecnologías de la información y la comunicación; o la potenciación de seminarios virtuales y aprendizaje virtual para personas con necesidades educativas especiales.

Desarrollo de criterios básicos sobre adaptaciones curriculares, como garantía para que dichas adaptaciones pedagógicas faciliten el proceso de aprendizaje.

Información y orientación al profesorado de estudiantes con necesidades educativas especiales, comprende la comunicación, al profesorado correspondiente, del tipo de necesidad educativa especial que presenta el estudiantado y la información sobre sus características.

Ampliación de acciones de sensibilización, conjunto de acciones dirigidas a la comunidad universitaria en su totalidad y tiene como objetivo la concienciación y la sensibilización sobre las características con que se presentan las personas con necesidades especiales.

Control de la reserva de personal con disposición para servir en el voluntariado de ayuda al estudiantado con necesidades educativas especiales, establecimiento de contactos con el voluntariado de la universidad para brindar apoyo a estudiantes con necesidades especiales y a captar personas dispuestas a sumarse.

Deporte adaptado, se desarrollan programas deportivos adaptados con la ayuda de profesionales especializados en actividades adaptadas a las posibilidades e intereses de las personas con NEE.

La eficacia con que se establezcan todas estas acciones y la creatividad con que se diseñen otras, destinadas todas a proporcionarles bienestar a todos los estudiantes dentro de la institución educativa, sería una magnitud a ser medida para determinar cuán inclusiva es la institución y qué profundidad ha alcanzado en la atención a la diversidad.

Rediseñando los paradigmas.

Las interpretaciones realizadas al respecto indican que la injusticia social, la insostenibilidad ecológica, la segregación, la discriminación y la subvaloración de los semejantes; fenómenos presentes simultánea y cotidianamente en el mundo del siglo XXI, requieren de la edificación colectiva de nuevas formas de pensar, sentir, actuar, valorar, tratar, relacionarse y vivir, tanto en el círculo estrecho de las individualidades como en el marco amplio de las colectividades, que permitan potenciar a todos los habitantes del planeta una vida digna en un escenario sostenible.

Buscar nuevas formas de establecer las relaciones entre los seres humanos y además de éstos con la madre naturaleza constituye un reto en todos los campos del saber humano: en el económico, en el político, en el ecológico, en el social y en el educativo. Realmente, esta visión un tanto abarcadora constituye un desafío para la inteligencia humana y, en consecuencia, un reto sobre como afrontar la educación en general y en concreto la educación superior.

El *Paradigma de la Complejidad* según lo revisado en los trabajos realizados por: Bonil, J. y otros (2004), Romero Pérez C. (2006) y Demian Doyle C. (2008), aglutina a científicos de diversos campos del conocimiento que se empeñan en la factibilidad de adoptar nuevos modelos teóricos, metodológicos y como resultado de ello, una emergente epistemología, que permita a los científicos arribar a teorías más estrechamente relacionadas con nuestras realidades.

En consonancia con la idea anterior resulta pertinente diseñar y poner en práctica nuevos modelos de intervención social, sanitaria, política, económica, ambiental, cultural y, sobre todo educativa, más efectivas, que contribuyan a controlar, monitorear y regular las acciones particulares y generales en el ámbito humano.

Se trata de intervenir en *condiciones de complejidad*, a lo que también podríamos llamar nuestra capacidad de desestructurarnos, de salirnos de costumbres y conductas predeterminadas; lo cual nos situaría en un todo constante de adquisición, que no llega nunca a la perfección, sino que nos mantiene en un proceso de construcción, interacción e iteración. Este proceso de construcción también eleva la necesidad de aceptación de los otros y de las otras; intensifica la búsqueda de un mundo que responda más a la cooperación que a la competencia y al individualismo.

Un mundo de mayor aceptación y respeto a las diferencias, pues desde éstas se aportan diferentes actos, rasgos, acciones y percepciones que permiten aproximarse de una manera más exacta a la aprehensión del todo. Se sustenta en estas aspiraciones una sólida intención de transformar el pensamiento racional sobre el que la ciencia y la tecnología se han venido apoyando.

Esta actitud innovadora impacta a las ciencias empírico-naturales pero también a las ciencias sociales y humanísticas por lo que no quedan excluidas las Ciencias Pedagógicas.

La educación se ejerce en un contexto sociocultural determinado y puede interpretarse como un elemento transmisor de la cultura dominante, pero también constituye un factor transformador de la sociedad.

La realidad no se genera solamente con estructuras y sistemas, se construye con mucho más que eso; es la construcción que se hace en el avance cotidiano de la sociedad. En sintonía con este concepto, el modelo de sociedad se construye ininterrumpidamente a través de la interacción de los individuos que la componen. Por ello podemos concebir a la educación como órgano reproductor, y simultáneamente como factor susceptible de edificar nuevas perspectivas desde las que interpretar el mundo, nuevas maneras de asumirlo y nuevos modos de actuación, incluso muy diferentes a las que hasta hoy existen.

Esta *filosofía de lo complejo* se fundamenta en la *transdisciplinariedad* cuya finalidad es la comprensión del mundo presente a partir de la unidad del conocimiento. Unidad que no opera por reducción, como es lo propio de la Ciencia Positivista, sino tomando en cuenta la pluralidad, la diversidad y las propiedades que emergen de la realidad.

Enmarcada en las conexiones y continuidades entre los fenómenos naturales y artificiales, artísticos y técnicos, culturales y civilizatorios donde se conforma un complejo cognoscitivo coherente, o sea, un marco teórico amplio que hace converger a todas las disciplinas, y que manifiesta un carácter no compartimentado o reductor, es en esta interrelación donde la *atención a la diversidad, no solo en el contexto universitario sino en las relaciones con el resto de los escenarios educativos,* involucra a todos los actores sociales ya sea dentro de la institución educativa, en la familia y en la comunidad.

Para concluir nos parece apropiada la siguiente afirmación del ilustre Federico Mayor Zaragoza desde el ya distante 1999: *"Cuando miramos al futuro nos encontramos con muchas incertidumbres sobre el mundo que heredarán nuestros hijos, nietos y bisnietos. Pero por lo menos tenemos una certeza: si queremos que esta tierra satisfaga las necesidades de sus habitantes, la sociedad humana debe transformarse. El mundo del mañana debe ser esencialmente diferente al mundo que conocemos. Tenemos que rediseñar nuestras políticas y programas educativos. Y mientras ponemos en marcha estas reformas debemos mantener nuestra visión a largo término y honrar nuestra tremenda responsabilidad sobre las generaciones futuras..."*

La Universidad que adopte enfoques como los que se abordan en este libro estará más comprometida con un mundo no solo más sostenible sino más humano. *Un mundo que hemos tomado prestado de nuestros hijos.*

BIBLIOGRAFÍA

ACOSTA JOSÉ. (2002). Bioética para la sustentabilidad. Publicaciones Acuario. La Habana Cuba.

ALCANTUD FRANCISCO (2000). Nuevas tecnologías, viejas esperanzas. Universidad Valencia. Disponible en: http://diversidad. murciaeduca.es/tecnoneet/docs/2000/3-2000.pdf Consultado el 23 de abril de 2012

AQUILAR MONTERO LUIS. (2005) Educacion Especial, Informe de Warnock, integración escolar. Asesor de NEE del CEP de Albacete. España Disponible en: http://mda.una.edu.ve/UserFiles/file/ informe-warnock.pdf. Consultado el 12 de diciembre del 2012.

ARANGO CARLOS ANDRÉS (2005). Las competencias comunicativas de la puesta en escena a la puesta en esencia-Disponible en:

http://www.monografias.com/trabajos33/competencias-comunicativas/ competencias-comunicativas.shtml, Consultado el 23 de enero del 2013

ARNIZ PILAR (1998). Conferencia de. Currículo y Atención a la diversidad. Disponible en: http://campus.usal.es/~inico/investigacion/ jornadas/jornada3/actas/conf2.pdf. Consultado el 8 de noviembre de 2012.

ARNIZ PILAR (2008). Como promover practicas inclusivas en SB. Disponible en: http://www.juntadeandalucia.es/educacion/ portal/com/bin/Contenidos/IEFP/Publicaciones/PERSPECTIVA_ CEP/1226481319552_05_opi_como.pdf, Consultado el 25 de octubre de 2012.

ARTIGAS PALLARÉS J. (2002). Problemas asociados a la dislexia. Rev. Neurol,34 (Supl 1): S7-S13. Disponible en: http://ardilladigital. com/DOCUMENTOS/EDUCACION%20ESPECIAL/LOGOPEDIA/ TRASTORNOS%20LENGUAJE/DISLEXIAS/Problemas%20 asociados%20a%20la%20dislexia%20-%20Artigas%20-%20art.pdf, Consultado el 15 de diciembre de 2012.

ARTIGAS PALLARÉS J. (2003). Perfiles cognitivos de la inteligencia límite. Fronteras del retraso mental. Rev. Neurol. 2003, 36, (Supl.1) Disponible en:

http://ardilladigital.com/DOCUMENTOS/DISCAPACIDADES/ PSIQUICA/Perfiles%20cognitivos%20de%20la%20inteligencia%20 limite%20%20Fronteras%20del%20retraso%20mental%20-%20 Artigas%20-%20articulo.pdf, Consultado el 27 de noviembre de 2012.

ARTIGAS PALLARÉS J. (1999). El lenguaje en los trastornos autistas. Revista Neurol.. 1999 No 28 supl. 2. Disponible en: http:// eoeptgdbadajoz.juntaextremadura.net/wp-content/uploads/2011/11/El-lenguaje-en-los-trastornos-autistas.pdf, Consultado el 27 de noviembre de 2012.

ARTIGAS PALLARÉS J. (2009). Dislexia Enfermedad, trastorno o algo distinto. Rev Neurol. 2009, No 48 (2). Disponible en: http:// www.publicacions.ub.es/REFS/DISLEXIA.PDF. Consultado el 23 de diciembre de 2012.

ALLENDES JAVIER. (2011) Definiciones y Funciones de la Escuela. Disponible en: http://www.buenastareas.com/ensayos/Definiciones-y-Funciones-De-La-Escuela/2421654.html, Consultado el 12 de diciembre del 2012.

AMOR PAN J. R. (2002). Bioética y antropología: algunos elementos para la reflexión desde la realidad de las personas con retraso mental. La bioética como una disciplina critica. Bioética para la sustentabilidad. Publicaciones Acuario. La Habana Cuba.

BAQUERO M., R. BLASCO y OTROS (2004). Estudio descriptivo de los trastornos conductuales en el deterioro cognitivo leve. Rev. Neurol. 2004; 38 (4). Disponible en: http://www.neurologia.com/pdf/ Web/3804/q040323.pdf, Consultado 27 de noviembre de 2012.

BAUTISTA INMACULADA Disgrafia Concepto, etiología y rehabilitación. Revista digital enfoques Educativos No 59. Disponible en: http://www.enfoqueseducativos.es/enfoques/enfoques_59. pdf#page=4, Consultado el 13 de enero de 2013.

BELÁUSTEQUI GUSTAVO (2005). Los aspectos afectivos-emocionales en las teorías implícitas. Condiciones, procesos y resultados en la enseñanza- aprendizaje. Revista Iberoamericana OEI No 36/2- Disponible en: http://www.rieoei.org/psi_edu24.htm. Consultado el 20 de diciembre del 2012.

BELL RAFAEL (2001). Prevención. Corrección, Compensación e Integración. Actualidad y perspectiva de la atención de los niños con NEE en Cuba. Ministerio de Educación Cuba. Disponible en:

http://www.inder.cu/indernet/Provincias/hlg/documetos/textos/ EDUCACION%20ESPECIAL/EDUCACION%20ESPECIAL.pdf, Consultado el 25 de octubre de 2013.

BELTRÁN NÚÑEZ. FILIBERTO (2013). El Currículo en el marco de la Educación Inclusiva. Disponible en:http://observatorioperu. com/2013/Mayo/Educacion%20Inclusiva%209.pdf

Consultado 10 de febrero de 2014.

BOLETÍN DE SISTACNET (2007) Características del alumno con problemas visuales. Disponible en: http://sistacnet.info/boletin/?p=93. Consultado el 14 de octubre de 2012.

BONIL J, TOMÁS N. PUJOL, RM. (2004) El paradigma de la complejidad Revista Investigación en la escuela nº 53, 2004. Disponible en: http://josetavarez.net/el-paradigma-de-la-complejidad. html. Consultado el 23 de diciembre de 2012.

CABALLO VICENTE, (2002). Manual psicología clínica infantil y del adolescente. Trastornos específicos. Disponible en: http://dialnet. unirioja.es/servlet/libro?codigo=10055, Consultado el 20 de diciembre de 2012.

CASTILLO-MAYA GUILLERMINA y OTROS (2001).Etiología de la hipoacusia-sordera.. Gaceta Médica Méx. 2001, Vol.137 No. 6

CAÑEDO IGLESIAS GISELA. (2002). Necesidades Educativas Especiales y Familia. Necesidad de formación de la familia cubana y pautas de capacitación para atender a las NEE de sus hijos/as Tesis de Doctorado. Departamento de Pedagogía. Facultad Ciencias de la Educación. Universidad de Girona. Cataluña. España.

CONCLUSIONES CONGRESO "CONSTRUIR LA ESCUELA DESDE LA DIVERSIDAD Y PARA LA IGUALDAD". (2001) DOCUMENTO / GUÍA PARA EL DEBATE PREVIO EN LAS COMUNIDADES AUTÓNOMAS. Disponible en: http://www. nodo50.org/igualdadydiversidad/doc_guia.htm-Consultado el 12 de diciembre del 2012.

CONCLUSIONES DEL CONGRESO SOBRE FAMILIA Y LA INTEGRACIÓN SOCIAL DE NIÑOS DISCAPACITADOS (1999) EN LA CIUDAD DEL VATICANO. Disponible en: http://www. franciscanos.org/docecle/integraciondiscapacitados.html, Consultado el 12 de diciembre del 2012.

CHACÓN ARTEAGA, NANCY (2004). Ética y Educación en tiempos de globalización desde la perspectiva cubana. Disponible en: http:// www.nodo50.org/cubasigloXXI/congreso04/chacon_290204.pdf.

Consultado el 12 de diciembre del 2012.

CRESPO SARMIENTO, ANA LUCÍA y OTROS (2010). Estudio de la digrafía y sus manifestaciones. Disponible en: http://dispace. ucuenca.edu.ec/bandie/123456789/233. Consultado el 12 de diciembre de 2012.

DAMM XIMENA Y OTROS (2007). Educación inclusiva ¿mito o realidad? Revista Latinoamericana de Educación Inclusiva, volumen 5 no 1. Disponible en: http://www.rinace.net/rlei/numeros/vol5-num1/ art8_htm.html, Consultado el 22 de octubre de 2012.

DELGADO JUAN JOSÉ (2005). Detección de Trastornos visuales. La Coruña. España. Disponible en: http://www.aepap.org/sites/default/files/visuales.pdf. Consultado el 14 de octubre de 2012.

DOCUMENTO SOBRE SNC DEL DEPTO. DE ANATOMÍA, ESCUELA DE MEDICINA PONTIFICIA UNIVERSIDAD CATÓLICA DE CHILE. Disponible en: http://escuela.med.puc.cl/paginas/departamentos/anatomia/cursoenlinea/down/general.pdf, Consultado el 12 de diciembre de 2012.

DUBRAVCIC LUKSIC ANTONIO (2011) Bioética. Definición de Bioética. Revista de Bioética Rayo de Luz. Bolivia. Disponible en. http://www.bioetica.8m.net/UNO/articulo3.htm. Consultado el 12 de diciembre de 2012.

DICCIONARIO FILOSOFICO. Disponible en: http://www.filosofia.org/filomat/df507.htm DICCIONARIO FILOSOFICO. Consultado el 12 de diciembre de 2012.

DICCIONARIO DEFINICIÓN ABC- SALUD- NEUROLOGÍA. Disponible en: http://www.definicionabc.com/salud/neurologia.php. Consultado el 12 de diciembre del 2012.

DIETZ MARIA CLAUDIA Y OTROS (2010) Educación Inclusiva: Una propuesta de Educación Inclusiva en el sistema universitario. Congreso Iberoamericano de Educación Metas 2021. Universidad del Sudoeste Argentina 2010. Disponible en: http://www.chubut.edu.ar/descargas/secundaria/congreso/EDUCINCLUSIVA/R3246_Pezutti.pdf, Consultado el 13 de mayo de 2012.

DOCUMENTO DEL MINISTERIO DE EDUCACIÓN COLOMBIANO (2001). La cultura del emprendimiento en los establecimientos educativos. Orientaciones Generales. Disponible en: www.mineducacion.gov.co/1621/articles287822_archivo_pdf.pdf, Consultado el 13 de mayo de 2012.

DOYLE DEMIAN CHRISTIAN (2008).Estudio, análisis del paradigma de la complejidad. Disponible en: http://christiandoyle.files.wordpress.com/2008/03/ensayo1.pdf, Consultado el 10 de noviembre de 2012.

DOMÉNECH EDELMIRA Y EZPELETA LOURDES (1981). Las clasificaciones en Psicopatología Infantil. Disponible en:

http://web.udl.es/usuaris/e7806312/grup/aalujaarchi/psico/recoma/clasi-infancia.pdf. Consultado el 20 de diciembre del 2012.

DUANY ANNIA Y RAVELO VIVIAN.(2005). Violencia Intrafamiliar en un área de salud. Revista Cubana de Medicina General integral V 21 n 1- 2. Habana 2005. Disponible en: http://scielo.sld.cu/scielo.php?script=sci_arttext&pid=S0864-21252005000100004. Consultado el 20 de diciembre del 2012.

DUK CYNTHIA Y LOREN CECILIA (2009). Flexibilizacion del Curriculum para la atención a la diversidad. Revista Latinoamericana de educación Inclusiva Vol- 4 Num, 1, Art 9, 2009. Disponible en: http://www.rinace.net/rlei/numeros/vol4-num1/art9.pdf- Consultado el 13 de marzo del 2012.

ENCICLOPEDIA ECURED. Disponible en: http://www.ecured.cu/index.php/Sistema_Nervioso_Central, Consultado el 14 de diciembre del 2012.

ESCOBAR SOLANO M.A y OTROS (2002). Necesidades Educativas especiales del alumno con trastornos del espectro autista. Disponible en:

http://diversidad.murciaeduca.es/orientamur/gestion/documentos/hecho-19.pdf

Consultado el 13 de abril de 2013.

ECHIOTA GERARDO (2001). La educación inclusiva como derecho. Disponible en: http://www.uam.es/personal_pdi/stmaria/sarrio/DOCUMENTOS,%20ARTICULOS,%20PONENECIAS,/Educacion%20inclusiva%20como%20derecho.%20Ainscow%20y%20Echeita.pdf Consultado el 10 de marzo de 2013.

ETCHEPAREBORDA M. C (2002). Detección precoz de la dislexia. Rev Neurol. 2002 Supl.1. Disponible en: http://inforum.insite.com.br/arquivos/14613/Revista_Neurologia_-_Diagnostico_da_Dislexia.pdf, Consultado el 13 de abril de 2013.

FERRER ANTONIO Y ALCANTUD FRANCISCO, (1999). Asesoramiento Psicopedagógico en estudiantes con discapacidad motora Universidad Valencia. Disponible en: *http://sid.usal.es/ idocs/F8/FDO17722/asesoramiento_psicopedagogico_motora.pdf* Consultado el 22 de diciembre de 2012.

FERNANDEZ GUDELIA (2004). Trastornos del aprendizaje o dificultades del aprendizaje. ISP Enrique José Varona. La Habana Cuba.

GARCÍA ÁNGEL (COORD) (2011). Guía Práctica Trastorno de conducta. Una guía de intervención en la escuela. Murcia España. Disponible en: http://diversidad.murciaeduca.es/orientamur/gestion/ documentos/guia+portadas.pdf- Consultado el 12 de enero de 2013.

GAIRIN JOAQUÍN. (1998). Estrategias Organizativas en la atención a la diversidad. Revista EDUCAR, V 22-23 Cataluña. Disponible en: http://www.raco.cat/index.php/Educar/article/viewArticle/20693/0

Consultado el 12 de diciembre de 2012.

GUERRERO ELOISA Y BLANCO LORENZO (2003). Diseño de un programa psicopedagógico para la intervención en los trastornos emocionales en la enseñanza y aprendizaje de las matemáticas. Revista Iberoamericana de Educación. (2003). Disponible en: http:// www.rieoei.org/deloslectores/707Guerrero.PDF. Consultado el 20 de diciembre del 2012.

GUIA APOYO TÉCNICO. PEDAGÓGICO PARA NEE ASOCIADAS A NEE AUDITIVAS (2007).MINISTERIO DE EDUCACIÓN DE CHILE. Disponible en:

http://www.crececontigo.gob.cl/wpcontent/uploads/2009/12/ Discapacidad-Auditiva.pdf. Consultado el 14 de octubre de 2012.

GUIA AYUDA MINEDUC/EDUCACIÓN ESPECIAL.(2012). Santiago de Chile. Disponible en: https://www.ayudamineduc.cl/ Estatico/docs/informacion/info_guia/guia_espe.pdf, Consultado el 20 de diciembre de 2013.

GUTIEZ CUEVAS PILAR (2000). La diversidad sociocultural en el curriculum y formación del profesorado. Revista currículum y formación del profesorado, 4 (1), 2000. Disponible en: http://www.ugr.es/~recfpro/rev41ART3.pdf. Consultado el 24 de mayo de 2012.

HENAO G Y OTROS (2006) ¿Que es la intervención psicopedagógica? Definición, principios y componentes. Disponible en: http://web.usbmed.edu.co/usbmed/elagora/docs/agora10/Agora%20Diez%20%28Tema%204%20Que%20es%20la%20Intervencion%20Psicopedagogica%29.pdf, Consultado el 20 de noviembre de 2012

INFORMACIONES DEL CENTRO NACIONAL DE DISEMINACIÓN DE INFORMACIÓN PARA NIÑOS CON DISCAPACIDADES. WASHINGTON (2004).Disponible en: http://ficus.pntic.mec.es/spea0011/ptsc/emocionales.pdf

Consultado el 20 de diciembre del 2012.

JIMÉNEZ JUAN, y OTROS, (2009). Prevalencia de las Dificultades Especificas de Aprendizaje: La dislexia en español. Universidad Murcia. UDITUM universidad de Murcia. Disponible en: http://revistas.um.es/index.php/analesps/article/view/71521, Consultado el 20 diciembre de 2012.

KOHN ROBERT y OTROS. (2001), Factores de riesgo de trastornos conductuales y emocionales en la niñez: estudio comunitario en el Uruguay Rev Panam Salud Publica/Pan Am J Public Health 9(4), 2001. Disponible en: Consultado el 22 de diciembre de 2012.

LÓPEZ EDUARDO (2011). Funciones de la escuela en el siglo XXI. Revista Digital para profesionales de la enseñanza. No. 15 jul- 2011. Andalucía. Disponible en: http://www2.fe.ccoo.es/andalucia/docu/p5sd8594.pdf. Consultado el 12 de diciembre de 2012.

LOPEZ CARMEN y OTROS (2012) El sentido del número y la discalculia de desarrollo. Recursos educativos en red. Facultad de Educación. Centro de Formación del Profesorado. Universidad Complutense de Madrid. Disponible en:

http://diversidad.murciaeduca.es/publicaciones/dea2012/docs/escribano.pdf-

Consultado el 13 de enero de 2013.

LUQUE DIEGO JESÚS (2002). Trastornos del desarrollo. Discapacidad y NEE: elementos Psicoeducativos. Universidad de Málaga, España. OEI-Revista Iberoamericana de Educación (ISSN: 1681-5653) 2002 Disponible en: http://www.rieoei.org/deloslectores/372Luque.PDF, Consultado el 23 de mayo de 2012.

MAGAÑA MARINA y RUIZ PEDRO. (2005). Trastornos específicos del aprendizaje. Disponible en:

http://www.sepeap.org/imagenes/secciones/Image/_USER_/Ps_inf_trastornos_especificos_aprendiz. Consultado el 20 de diciembre 2012.

MEDINA MOTA Ma. E., RINCON Ma. L. y otros (1992). Trastornos emocionales en población urbana mexicana. Disponible en:

http://www.uade.inpsiquiatria.edu.mx/Articulos%20Jorge/1992/Trastornos%20emocionales%20en%20poblacion%20urbana%20mexicana%20resultados%20de%20un%20estudio%20nacional.%201992.pdf, Consultado 20 de diciembre del 2012.

MOLINA MATILDE, RAMIREZ ANA E INFANTE OLGA (2011). Violencia Intrafamiliar Una mirada desde el estudio de caso. Disponible en:

http://www.cedem.uh.cu/sites/default/files/Art%C3%ADculo%20Violencia%20Intrafamiliar.pdf, Consultado el 20 de diciembre del 2012

MAGALLON S. Y NARBANA J. (2009). Detección y Estudios Especifico en T. A Depósito Académico Digital Procesal. Universidad Navarra España. Disponible en: http://dspace.si.unav.es/dspace/handle/10171/22780, Consultado 13 de enero del 2013.

MACIQUES ELAIME (2004). Trastornos del aprendizaje. Estilos de aprendizaje y el diagnostico psicopedagógico. Cuba, Disponible en:

http://www.sld.cu/galerias/pdf/sitios/rehabilitacion-equino/trastornos_
del_aprendizaje_y_estilos_de_aprendizaje_1.pdf, Consultado el 16 de
diciembre de 2012.

MANCEBO MARÍA ESTER Y GOYENECHE GUADALUPE.
(2010). Las políticas de inclusión educativa: entre la exclusión social
y la innovación pedagógica. Disponible en: http://www.fcs.edu.uy/
archivos/Mesa_12_y_17_Mancebo-Goyeneche.pdf, Consultado el 15
de mayo del 2012.

MARTOS J. (2002). Comunicación y lenguaje en el espectro autista:
Autismo y la Disfasia. Revista Neurol. 2002 No 34 Supl. 1. Disponible
en: http://www.neurologia.com/pdf/web/34s1/ms10058.pdf,
Consultado el 14 de octubre de 2012.

MENDOZA NURIA (2008) Intervención Psicosocial. Disponible en:

http://dx.doi.org/10.4321/S1132-05592008000300004,   Consultado
el10 de septiembre de 2012.

MONTALDO SUSANA (2007) Dossier Una política en inversión e
inclusión. Ministerio Educación Argentina. Disponible en: http://www.
me.gov.ar/monitor/nro15/dossier2.htm

Consultado el 8 de octubre de 2012

MURILLO J Y DUNK CYNTHIA (2011) Escuelas eficaces versus
escuelas inclusivas? Revista Latinoamericana de Educación Inclusiva,
volumen 5 no 1. Disponible en: http://www.rinace.net/rlei/numeros/
vol5-num1/Rlei%205,1.pdf. Consultado el 29 de enero de 2012.

ORJALES ISABEL. (2002). Impacto y detección de niños con
trastorno por déficit de atención con hiperactividad. Disponible
en: http://www.dialnet.unirioja.es/descarga/articulo/2044587.
pdf-Consultado el 12 de diciembre del 2012-

PÉREZ ALMAGUER R y MUÑOZ ALEJANDRO A. (2000). La
comunidad de escuela como recuso educativo en el desarrollo de los
programas escolares en vínculo con la vida. Disponible en: http://

www.monografias.com/trabajos13/artcomu/artcomu.shtml, Consultado 20 de diciembre de 2012.

PEREZ ALVAREZ y TIMONEDA C. (2000). La dislexia como disfunción del procesamiento secuencial. Rev. Neurol. 2000 No 30 (7). Disponible en: http://webdeptos.uma.es/psicoev/Profesores/Romero/Doc1112/Ladislexiacomodisfunciondelprocesamientosecuencial.pdf, Consultado el 24 de noviembre de 2012.

PINO LOZA E (2013). La dimensión social de la universidad del siglo XXI. Tesis para la obtención de la categoría de máster Universidad Complutense de Madrid. Disponible en: http://www.eprints.ucm.es/22393/1/T34660.pdf, Consultado el 20 de enero del 2014

PLAN ESTRATÉGICO DE ATENCIÓN A LA DIVERSIDAD EN EL MARCO DE UNA ESCUELA INCLUSIVA 2012-2016. GOBIERNO VASCO

Disponible en: http://www.hezkuntza.ejgv.euskadi.net/r43-2459/es/contenidos/informacion/dig_publicaciones_innovacion/es_escu_inc/adjuntos/16_inklusibitatea_100/100011c_Pub_EJ_Plan_diversidad_c.pdf, Consultado el 14 de marzo de 2013.

POLÍTICA DE EDUCACIÓN INCLUSIVA. MINISTERIO DE EDUCACIÓN DEL SALVADOR (2010). Disponible en:

https://www.mined.gob.sv/jdownloads/Politicas/politica_educacion_inclusiva.pdf

Consultado el 10 de noviembre de 2012.

PROGRAMA DE PSICOLOGÍA DE LA INTERVENCIÓN SOCIAL. DPTO. COMUNICACIÓN Y PSICOLOGÍA SOCIAL UNIVERSIDAD ALICANTE. DISPONIBLE EN: http://rua.ua.es/dspace/bitstream/10045/14438/1/INTERVENCION%20PSICOSOCIAL%20EN%20DISCAPACIDAD.RUA.pdf, Consultado el 23 de abril de 2012.

PROGRAMA DE TRABAJO SOCIAL Y APOYO A LA DINÁMICA Y ESTRUCTURA FAMILIAR (2003). Disponible en: http://chitita. uta.cl/cursos/2011-1/0000439/recursos/r-12.pdf, Consultado el 20 de mayo de 2012.

PROYECTO PLANIFICACIÓN DE POLÍTICAS PARA IMPLEMENTAR LA EDUCACIÓN INCLUSIVA (2011) European Agency for Development in Special Needs Education. Disponible en:

http://www.european-agency.org/sites/default/files/mipie_MIPIE-summary-of-proposals-ES.pdf, Consultado el 26 de noviembre de 2013.

QUIÑONES MAYRA, ARIAS YADIRA Y OTROS. (2011). Violencia Intrafamiliar desde un enfoque de género. Revista Mediciegos, 17, (2) del Centro Provincial de Promoción y Educación para la Salud Ciego Ávila. Cuba. Disponible en: http://bvs.sld.cu/revistas/mciego/vol17_02_2011/pdf/T27.pdf

Consultado el 20 de diciembre del 2012.

REGINALD REES y VALENZUELA ALEJANDRA. (2003). Características individuales y de la estructura familiar de un grupo de Adolescentes abusadores del alcohol y/o marihuana. Revista Chilena de Neuro Psiquiatría V 41 No 3 Julio 2003. Disponible en: http://www.scielo.cl/scielo.php?pid=S0717922720030003000002&script=sci_arttext&tlng=en. Consultado 27 de noviembre del 2012.

RIGAU-RATERA E. Y OTROS (2004). Características del trastorno de aprendizaje no verbal. Rev. Neurol. 2004; 38 (Supl 1). Disponible en: http://sid.usal.es/idocs/F8/ART13969/caracteristicas_trastorno_aprendizaje_no_verbal.pdf. Consultado el 27 de noviembre de 2012.

RODRIGUEZ PATRICIA (2010). El alumno con alteraciones en la comunicación. Revista innovación y Experiencias educativas No 27 Febrero 2010. Granada España. Disponible en:

http://www.csicsif.es/andalucia/modules/mod_ense/revista/pdf/Numero_27/ . Consultado el 27 de noviembre de 2012.

ROMERO CLARA (2006). Paradigma de la complejidad, modelo científico y conocimiento educativo. Universidad de Huelva. Disponible en http://www.uhu.es/agora/version01/digital/numeros/06/06articulos/monografico/pdf_6/clara_romero.pdf, Consultado el 25 de noviembre de 2012.

SALAZAR EDY. (2008). Violencia Intrafamiliar y social bajo influencia del alcohol y las drogas. Revista Investigación en Enfermería: Imagen y Desarrollo. V- 10 No 2. Disponible en: http://revistas.javeriana.edu.co/index.php/imagenydesarrollo/article/view/1600/1024. Consultado el 27 de noviembre del 2012.

SARTO MARIA PILAR Y VENEGAS MARIA EUGENIA (2009). Aspectos claves de la Educación Inclusiva. *Salamanca 2009. Disponible en:* http://inico.usal.es/publicaciones/pdf/Educacion-Inclusiva.pdf, Consultado el 20 de junio 2012.

SANTOS VARGAS L. (2002). La bioética como una disciplina critica. Bioética para la sustentabilidad. Publicaciones Acuario. La Habana Cuba

SECADES ROBERTO., FERNÁNDEZ J R. Y OTROS.(2011). Estrategias de intervención en el ámbito familiar. Guía para promover la implicación y la participación de la familia enlos programas preventivos. Red Local de Prevención de las Drogodependencias. Disponible en:

http://www.pnsd.msc.es/Categoria2/publica/pdf/Guia_estrategias_intervencion_ambitofamiliar_E_LLIBRE.pdf, Consultado 14 de diciembre del 2012.

SEVILLA ANAI. (1999). Asunto: "Violencia intrafamiliar". Causas, efectos y fases de la violencia intrafamiliar. Disponible en: http://www.monografias.com/trabajos34/violenciaintrafamiliar/violencia-intrafamiliar.shtml, Consultado 14 de diciembre de 2012.

SITIO EDUCANDO SECRETARÍA DE ESTADO DE EDUCACIÓN REPÚBLICA DOMINICANA. DIRECCIÓN EDUCACIÓN ESPECIAL. POLITICAS INCLUSIVAS (2007). Disponible en:http://

www.educando.edu.do/sitios/EducacionEspecial/PolticasInclusivas. htm, Consultado el 24 de octubre de 2012.

TAMARIT CUADRADO JAVIER (1990). Comunicación y autismo: Claves para un logopeda aventurero. Jornadas de Renovación Logopedica Ciudad de Plasencia. España Disponible en:

http://www.asociacionalanda.org/pdf/articulos/autismo_logopeda.pdf, Consultado el 12 de octubre de 2012.

TAMARIT CUADRADO JAVIER (1995). Conductas desafiantes y autismo: Un análisis contextualizador. Equipo CEPRI Madrid. Disponible en: http://www.asociacionalanda.org/pdf/articulos/ conductas_desafiantes.pdf, Consultado el 12 de octubre de 2012.

Troncoso Ma Victoria.(2000). El desarrollo de las personas con Sindrome de Down: análisis longitudinal. Fundación SD en Cantabria. Disponible en: http://empresas.mundivia.es/downcan/desarrollo.html, Consultado el 20 de diciembre de 2012.

TEXTO TRASTORNOS DEL LENGUAJE. Instituto Nacional de tecnologías educativas y de formación del profesorado (INTERF) y Centro Nacional de Desarrollo Curricular en Sistemas no propietarios. Disponible en: http://descargas.pntic.mec.es/cedec/atencion_diver/ contenidos/dificultades/tel/

Consultado el 17 de octubre del 2012.

TECNOEDUCAE. NEE- Discapacidad Visual. Disponible en:

http://tecnoeducae.wikispaces.com/Necesidades+Educativas+Especial es+-+Discapacidad+Visual. Consultado el 13 de diciembre de 2013.

TOBÓN SERGIO (2006) Aspectos básicos de la formación basada en las competencias. Disponible en: http://maristas.org.mx/gestion/web/ doctos/aspectos_basicos_formacion_competencias.pdf, Consultado el 30 de enero de 2013

VALDES YOANKA. (2013). Violencia Intrafamiliar en Cuba. Disponible en: http://www.cips.cu/wp-content/

uploads/2013/02/15-Familia.pdf, Consultado el 14 de noviembre del 2013.

VERDUGO MIGUEL ÁNGEL (2002). Análisis de la definición de discapacidad intelectual de la Asociación Americana sobre Retraso

Mental de 2002. Revista Española SIGLO CERO sobre Discapacidad Intelectual. Vol. 34 (1), Núm. 205. Disponible en:

http://ocw.umh.es/ciencias-de-la-salud/Atencion-al-alumnado-con-necesidades-educativas-especiales-459/materiales-de-aprendizaje/unidad-8-alumnos-con-discapacidad-intelectual/analisis-discapacidad-aarm-2002.pdf

YGUAL-FERNÁNDEZ Y CERVERA-MÉRIDA (2005) Dispraxia verbal: características clínicas y tratamiento logopédico. Rev Neurol. 2005,40 (supl.1). Disponible en: http://bscw.rediris.es/pub/nj_bscw.cgi/d642142/Dispraxia%20verbal.pdf. Consultado el 14 de octubre de 2012.

ZABALA ANTONI Y LAIA ARNAU. (2008). 11 Ideas clave: como aprender y enseñar competencias. Barcelona España. Disponible en:

http://redeca.uach.mx/evaluacion/Evaluar%20competencias%20es%20evaluar%20procesos%20en%20la%20resolucion%20de%20situaciones%20problema.pdf, Consultado el 12 de diciembre de 2012.

Printed in the United States
By Bookmasters